@JAM 最大のフェス「@JAM EXPO」。
毎年８月最終週に横浜アリーナで開催。

@JAM EXPO 初開催の 2014 年、推しを目当てに大勢のファンが押し寄せた。

@JAM EXPO 限定ユニット「@JAM ALLSTARS」。
メンバーは毎年新しく選出される。

@JAM in 上海 2017。海外でも高い評価を得ている
@JAM。今後も各都市で公演が予定されている。

ヲタ JAM から @JAM へリニューアルして初の
開催。豪華アーティストが顔を揃えた。

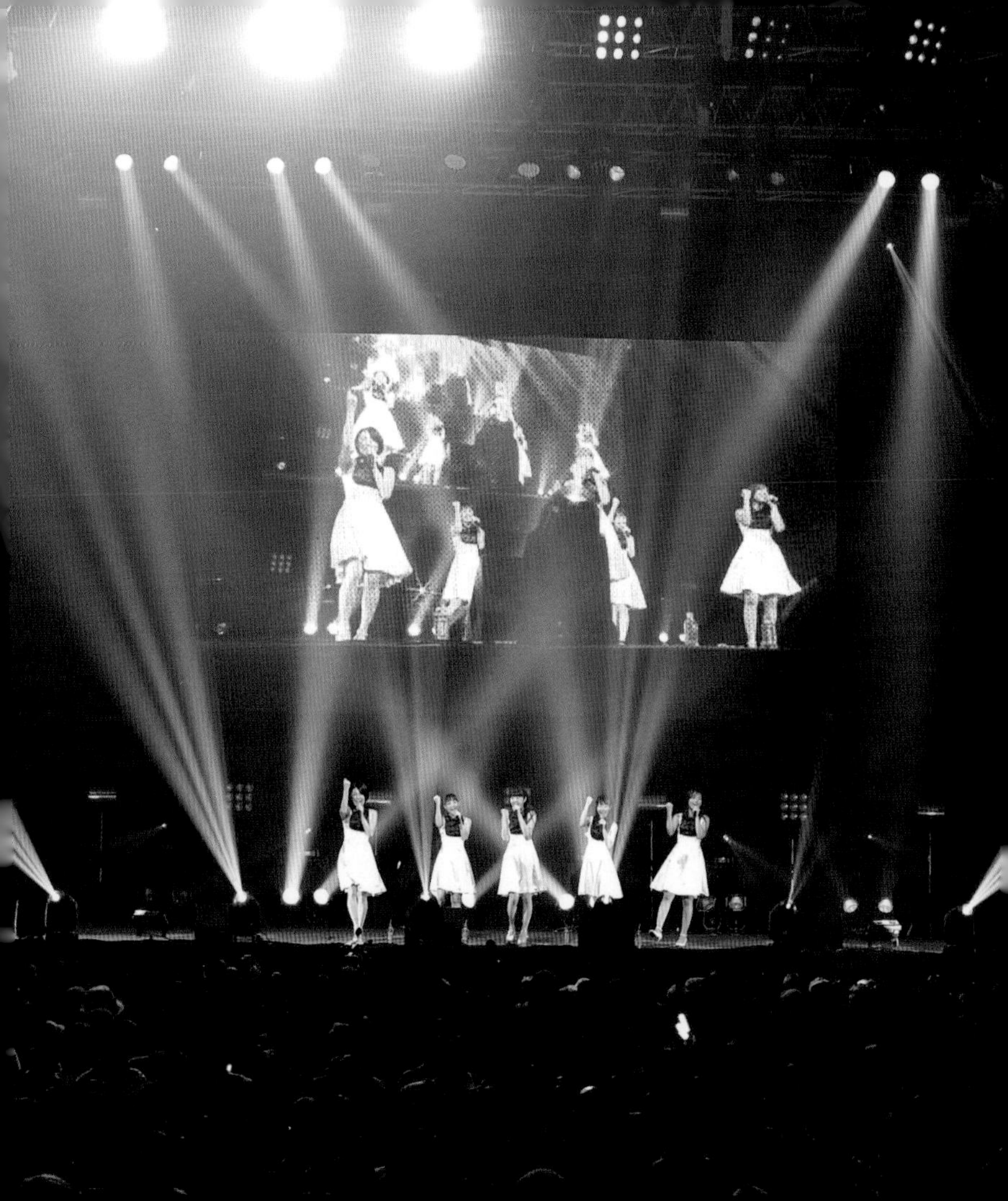

「復活」をテーマに掲げた@JAM EXPO2017。
１日限りのグループ復活が会場を大いに沸かせた。

アットジャム

日本一のアイドルイベントをゼロから育てた10年間

@JAM総合プロデューサー
橋元恵一

YUSABUL

はじめに

僕が育った小中学生のころ、1970年代後半から1980年代にかけては、いわゆる「アイドル全盛期」といわれる華やかな時代でした。

グループでいえば、キャンディーズやピンク・レディーが人気を博し、今でいうならNijiUの縄跳びダンスのように、大人から子供まで、皆がその振りを覚えました。

当然、僕もその一人でしたが、その頃はビデオデッキもない時代だったので、いろんな歌番組や雑誌「平凡」「明星」なんかを見ては必死に覚えた記憶があります。

ソロ歌手では80年に電撃引退した山口百恵さん、逆に80年にデビューして現在も一線で活躍している松田聖子さん、「花の82年組」といわれた年にデビューした小泉今日子さんや中森明菜さん、そして松本伊代さんや早見優さん、また角川映画から飛び出した薬師丸ひろ子さんや原田知世さんなどが活躍しました。

また、男性アイドルも同様に、郷ひろみさん、西城秀樹さん、野口五郎さんの「新御三家」や、たのきんトリオの田原俊彦さん、近藤真彦さん、野村義男さん、シブがき隊やで、光GENJIまで、ここでは挙げきれないほど、本当に多くのアイドルたちがいました。

大好きだったテレビ番組「夜のヒットスタジオ」「ヤンヤン歌うスタジオ」「ザ・ベストテン」「8時だョ!全員集合」、どれを見たって、いつでも誰かがお茶の間を賑わせている。たとえるなら、いまテレビに出ている芸人さんたちの立ち位置すべてをアイドルに置き換える、少し大げさかもしれませんが、そのくらいの印象だった記憶です。

そうした時代のなかで育った僕は、音楽のジャンルとか関係なく、自然とアイドルというものを受け入れながら大人になっていったのだと思います。

一方、そんなキラキラとした芸能界の世界に憧れ「僕もやりたい!」と、タレントを目指して芸能事務所の門をたたき、身を置いた経験もありましたが、そんなに甘いものではないということがすぐにわかりました。

自身にはそもそも才能がなかったのですが、何よりそこで活躍している人たちは、才能だけでなく、華やかさの裏にある努力や熱量がすごかった。数年のあいだ、そうしたものを傍らで見ながら、多くを学び、その重要さを理解しました。

僕にとって10代に見たアイドルや芸能界は、憧れであり、諦めの体験でもありました。

そこから約20年が経ち、紆余曲折ありながら、気がつくと今度は僕がアイドルをプロデュースしたり、アイドルフェスをつくることになったり。当時、目指していた世界、そして諦めた世界。その世界で、今では逆の立場からアイドルとしてがんばっている若い子たちを鼓舞したり、指導したりしている。なんとも不思議な人生だと思います。

だけど、僕自身が歳を重ねてきて見えたこと、そして経験してきた多くのことは、とても貴重な糧になっています。

若いときに才能がないと早々に諦めたことだって、そのひとつ。考えれば才能うんぬんいう前に全力で努力もしなかった。そんな自分を反すうしながら、今のアイドルへは失敗談として伝えられます。

そういった意味では、歳を重ねてきたことも悪くないと思っています。

本書は、ソニーミュージックに勤める僕が、イベントやフェスの企画制作を行う部門に異動し、そこでアイドルにどっぷりと関わることになる「@ＪＡＭ」を立ち上げた経緯について、また、その10年の歴史をまとめています。

２０２０年11月に10年目を迎えるとき、「このタイミングに本として振り返ってみては？」というお話をいただき、これまで配信番組やインタビューで断片的に話してきたことに加えて、当時どんなことがあったのか、どう乗り越えてきたのか?を振り返って書き記すことにしました。

〝アイドル〟というコンテンツをキーワードにして、がむしゃらに走ってきましたが、ビジネスとしては失敗と成功（というか失敗ばかりでしたが）を繰り返してきた10年でもあります。失敗続きではありましたが、若いときには出来なかった、努力と熱量をもって、ここまで走ってこられたのかもしれません。

そんな内容なので、いわゆる〝ビジネス書〟には成り得ませんが（笑）、もしも参考になることがあればうれしく思います。


実は、本来なら本書は昨年秋、10年目を迎えるタイミングに出版する予定だったのですが、新型コロナウイルスの影響で大幅に遅れてしまいました。

すべての人たちの生活を一変させた未知のウイルス。

憎っくき存在だし、今すぐ消えてほしいと願ってやみませんが、それでも、逆にコロナと向き合ってきたことで新しいイベントのあり方も知ることが出来たし、新しいフェスに向けてのモチベーションにも繋がりました。今では前向きに考えています。

そんなコロナの影響もありながらも、アイドルと共に過ごし、成長してきた「@JAM」。混とんとしながらも、熱くてピュアなこのアイドルシーンを10年にわたり盛り上げてきた過程を、ぜひ僕といっしょに追体験してください！

アイドルとファンの一体感が会場を熱く包み込む。

目次

特別対談

嶺脇育夫（タワーレコード株式会社 代表取締役社長）×橋元恵一
ライブアイドルの今後と業界の果たす役割

第三章　置かれた環境でベストを尽くす

特別対談　菊竹龍（フジテレビジョンTOKYO IDOL FESTIVAL総合プロデューサー）×橋元恵一
コロナ禍におけるアイドルフェスとニューノーマル

第四章　変化の時代に輝き与え続けるライブアイドル

最終章 ライブアイドルの未来と可能性

協力　@JAM
タワーレコード株式会社
TOKYO IDOL PROJECT
株式会社ソニー・ミュージックエンタテインメント
株式会社ライブエグザム

校正　東京出版サービスセンター

装丁・本文デザイン　杉浦慎哉

第一章：まさかの人事異動でゼロからの出発

安堵の表情で見つめたグランドフィナーレ

18年に横浜アリーナ★1（以下横アリ）で見た@JAM EXPOグランドフィナーレは、例年とは会場の景色がまったく違っていました。ステージ、フェスに関わってくれた仲間、もちろん僕の気持ちも、この日は今までとすべてが違っていたのです。

出演してくれたアイドルのみんながステージに並んでいる中、このフェスのテーマ曲「夢の砂～a theme of @JAM～」を熊澤風花、根本凪、MAINA、まき、松下玲緒菜の5人が熱唱していて、僕はステージ袖から彼女たちを見ていました。@JAM ALLSTARS2018★2のメンバーです。ほんの数ヶ月前に初顔合わせをし、そしてレコーディング。タイトなスケジュールの中で、みんな忙しいのに、よくがんばってくれました。そんな彼女たちが、ひとりずつ花道を駆けてセンターステージへ向かっているところに、思い思いのカラーでペンライト★3を振りながら、声援を送るファンの姿が重なって。

あの一体感は今でも忘れられないです。

★1 横浜アリーナ
JR新横浜駅から徒歩で5分程度のところにある多目的イベントホール。プロスポーツの試合からのライブまで幅広く行われている会場。アイドルやアーティストの単独公演も数多く行われ、ここでの開催はアイドルの憧れでもある。

★2 @JAM ALLSTARS
@JAM EXPOのためだけに結成される期間限定ユニット。毎年メンバーが入れ替わり、@JAM EXPOのテーマソング「夢の砂～a theme of @JAM～」をイベントの最後に歌って花を添える。

★3 ペンライト
コンサート会場で見られるペン型のライト。最近は光る色も豊富になり、ライブアイドルの現場では推しの色を容易に出せアイドルという大きな定義の中でも、メジャーレーベルや大手マネジメントに属しているグループ、インディーズで活動しているグループやセルフプロデュース[★4]でがんばっている人など、カタチはさまざまです。そこでテレビを主戦場としたマスメディアが活動の中心にあるグループがメジャーアイドルだとするならば、僕らが多く関わっているアイドルというのは、いわゆるライブアイドルといって、ライブ現場が主戦場で、自らのライブパフォーマンスでファンを獲得、認知を広げていくというグループのことだと思っています。といっても、このあたりの定義は人それぞれの解釈もあり、難しいのですけどね。

17年までの、〝覚悟〟の中で迎えていたグランドフィナーレの緊張感とは、まったく違うこの気持ち。安堵、安心感がそこにはありました。

「おつかれさま」「おめでとう」。エンディングをステージ袖で見ていた僕に、製作委員会のスタッフが声をかけてきてくれました。この仲間と一緒につくってこられて本当によかったです。

僕ひとりではできなかったところを、彼らが補ってくれたのです。「来年も出来るぞ！」、という想いでEXPOが終えられるのは、この年が初めてでした。

★4 セルフプロデュース
グループの方向性からイベント出演の準備まですべて自らで行うこと。枠に縛られない自由な発想で活動を行っている。

勝ちが見えて終えられるから、みんなも「よし、来年もいけるな」と、この日この横アリで確認し合っていました。

思い返せば17年のEXPOが終わった後、僕は翌年の開催を確認するため社長室に向かいました。〝コラボと復活〟というテーマを掲げて、復活というテーマにおいては〝EXPO Dream Stage〟★5と称してParty Rockets★6(以下パティロケ)、GALETTe＊★7、そしてDorothy Little Happy★8(以下ドロシー)を一夜限りで復活させました。たくさんの想いと熱量で実現させることの出来たステージで、大きく話題にはなったものの、結果的に興行として負けた。どんな評価が下されるのか、もちろん最悪の事態も考えながら。しかし社長の回答は、コストカットやパートナー探しなどによる、条件付きながらも開催の許可。さすがにこのときばかりは、唇を軽く噛みながら、深々と頭を下げました。

それから僕はステージ数からキャスティング、制作費などの一切を見直しました。なおかつ、パートナーを募り、万全な体制で臨んだのが18年のEXPOだったのです。

★5 EXPO Dream Stage 2017年の@JAM EXPOで卒業したメンバーや解散したグループをこの時のイベント限定で復活させ、出演させたステージ名。

★6 Party Rockets パーティーロケッツ。2012年に仙台を拠点として活動を開始。メンバーの卒業、新加入を経て2015年Party Rockets GTに改名。2020年2月24日に行われた公演で現体制での活動を終了。

★7 GALETTe＊ ガレット。2013年から2016年まで主に福岡を拠点に活動していたアイドルグループ。2015年からは拠点を東京に移して活動を行っていた。

17年までのEXPOは、前日朝から会場の仕込みをしていました。ステージを組んだり、出演者のリハーサルを行ったり。僕自身も前日から会場に乗り込み、出演者やステージの仕上がりをチェックしていました。

ところが18年は、当社の制作チームが担当している別のコンサートがEXPO開催の前日にあり（というかやってもらったという方が近いかもしれません）、舞台の基礎や電源、照明などを共有するというかたちで、互いの制作費を抑え、進めていました。そのため、前日入りする必要がなくなっていました。その代わり、作業関係のスタッフは前日のコンサートが終わった23時ごろから、翌早朝までEXPOのステージを仕上げなければならず、それはそれは大変な思いをされていたはずです。感謝の気持ちでいっぱいです。

僕はフェス前日、横アリの近くにあるホテルで、スタッフと最終確認を行っていました。そして会場に入ったのは開催当日の早朝。立場上、公演中は基本ずっと会場内に留まっているのですが、唯一、朝の一瞬だけ会場の外の様子ものんびり眺められました。入場ゲートを確認してまわると、そこには早朝にもかかわらず、熱心なお客さんがたくさん並んでいてくれて。そういうのって本当に嬉しい

★8 Dorothy Little Happy
ドロシーリトルハッピー。2010年に仙台を拠点に活動を開始。メンバーの入れ替えを行いながら現在も活動中。ローカルアイドルとして全国的に注目を集めたグループのひとつ。

ですね。

この日は役員をはじめ、社長も会場に来ていました。「どうだ？」と肩を叩かれ、状況を報告しました。当然ながら収支予算書はすでにあり、支出に関しては、ほぼ予算どおりでした。要は、収入の部分でこのイベントの勝負が決まるのですが、こちらも前日までのチケット券売がわかるので、この時点ですでに勝ちが決まっていたのです。

「よかったな、お客さん入っているじゃないか」

社長からの一言が嬉しかったです。

こうして２０１９年の開催はすぐに決まりました。18年のＥＸＰＯが終わって、ひと月ほどでしょうか、９月にはもう決まっていました。

毎年ＥＸＰＯの開催はその年のお正月に発表しています。そのため、タイムリミットは前年の12月なのです。それまでに社長や役員から「Ｇｏ！」の承認を得る必要があるのです。企画書や予算書を何度も書き直し、遅いときにはクリスマスを過ぎた年末ギリギリに決裁が下りることもありました。

２０１８年のＥＸＰＯが終わり、何もいわれずに、すぐに翌年の開催が決まったのは、この年が初めてのことでした。

僕は、それもあって18年のグランドフィナーレを委員会の仲間たちと、安堵の表情で見つめていました。安堵とは本当に心の底からの安堵。初めて味わった感覚でした。

青天の霹靂、まさかの人事異動

2010年2月、人事異動があり、僕は17年間に渡り慣れ親しんだ、ソニー・ミュージックコミュニケーションズから、ソニー・ミュージックエンタテインメントに新設された、ライブエンターテインメント事業部というセクションに異動することになりました。

実は異動の1年前あたりから、ソニーミュージックの中で、プロジェクト会議のような、いろいろなグループ会社のスタッフが集まった横断型のミーティングが行われていました。僕もグループにおける、今後の360度ビジネス[★9]について議論を交わすプロジェクトメンバーのうちの一人だったのです。異動の理由は定かでは

★9 360度ビジネス
パッケージ・ビジネス（音楽制作）に加えて、ライブエンタメ、映像・動画配信、マネジメント、マーチャンダイジングなどアーティストの事業活動の領域を業界や業種の枠を超えて全方向で価値を創出し、収益を上げるビジネスモデル。

ありませんが、このときのプロジェクトメンバーだったことが関係したのでは？と個人的には思っています。

これまで僕は、ソニー・ミュージックコミュニケーションズに入社して以来、ある程度会社の顔としてやってきたつもりだったこと、また多くの部門を任されていたタイミングでもあったので、コミュニケーションズを離れるというのは、はっきりいって青天の霹靂でした。

本来、異動の多い会社ではあるものの、僕に関していえばそれまで17年間、グループ外はもちろんのこと、大きな異動を一度も経験してこなかったので、正直もうこの先、一生この会社にいると思っていたくらいでした。だから異動を伝えられたときは、それはもう驚きを隠せませんでした。その日は何も考えられず、会社から家まで2〜3時間の道のりを歩いて帰ったのを今でも覚えています。

ちなみに、どのような異動かというと、ソニー・ミュージックエンタテインメント（以下SME）はグループの本部的な機能を司る会社で、異動する先のライブエンターテインメント事業部は、当時ここに組み込まれていました。そして、ソニー・ミュージックコミュニケーションズやソニー・ミュージックレーベルズ、ソニー・ミュージックアーティスツやＺｅｐｐホールネットワーク、アニプレックスなど、それらはすべてＳＭＥのグループ会社なのですが、そもそも大きな組織なので、一口に異動といっても異動先によっては転職ほどの差異があるところも存在するのです。今回はそのグループ会社から、いきなり本社に立ち上げる新しいライブ事業をやれといわれたことになります。

これは、ある意味期待を背負った新規プロジェクトに関われるという栄転だったのかもしれませんが、人も物もまったくない、正しくゼロベースのところに赴任するという感じだったので、僕としては期待より不安の方が大きかったです。同じ音楽の世界でもこれまでとはつくっていくものが違うというか。

これまでクリエイティブ系のプロデューサーとして、たとえばコンサートの衣装をつくったり、コンサートの中に出てくる映像をつくったりなど、そのようなことに携わった経験はありました。しかし、コンサート自体には関わったことがなかったし、これまでずっとよくばり精神でやってきたけど、ここへは触手が伸びることはなかったのです。

ですから僕は、みなさんが知っているコンサートに、ちょっと毛が生えたくらいの知識しか持ち合わせていませんでした。そんな立場のままライブ事業部に移ったので、入った当初は本当に何も知らないいわゆるミソッカスでした。

コンサート自体は、数え切れないほど観に行きましたが、コンサートそのものをつくることに対しての興味というのはなかったのです。

僕は、これまでレコードを出す、レコードを売る、というレーベルのビジネスの一端に関わってきました。コンサートって本来はマネジメントが行うことが多いので（今ではボーダーレスとなってきていますが）、とにかくわからないことばかりでした。

ライブ事業部にいき、最初に手がけた案件のひとつが〝ヲタＪＡＭ〟でした。とはいっても、ヲタＪＡＭはそもそも僕の企画ではなく、当時の上司の企画でした。

ヲタクカルチャーショック

僕はこのライブ事業部で、バンドものやＪ－ＰＯＰのほか、ヲタクカルチャーと海外案件も担当することとなりました。ヲタＪＡＭが２０１０年、海外案件として最初にやった〝アジアミュージックコネクション〟が2011年でした。これは香港、台湾、日本のアーティストが、3都市を周遊しながら文化と音楽を伝えるというイベントでしたが、なかなか厳しくて数千万円の赤字を出しました。

ヲタJAMは、当時の上司もコンサートの実地経験が多くなかったことから、ブレーンとして有識者を集めました。ボーカロイド★10（以下ボカロ）に詳しい人やアニメに詳しい人など、5、6人のプロジェクトで進めてきました。

一方当時の僕はメジャーアーティストといわれる方々と多く仕事をしてきた中で、いきなりヲタクカルチャーに身を投じることに、正直少しの抵抗感はありました。たとえばあるとき、彼らと秋葉原で打ち合わせしようということになり、その流れでカフェに向かいました。ところがスタバを通り越し、タリーズを通り越し、どこに行くのかと思っていたところに入った店があのディアステージ★11だったという。

それが初めてのディアステージ体験だったのですが、当時は「え、なんでわざわざここで打ち合わせ？」というような感じでした（笑）。

戸惑いの連続の毎日でしたが、とにかくイベントに向け準備を進めていました。

★10 ボーカロイド
ヤマハが開発したリアルな歌声を合成するためのソフトウエア。ポップカルチャーにおいてはこのシステムに対応したソフトウエアを使用し音楽制作や創作活動を行っているアーティストのことを「ボカロ系」と呼んでいる。

★11 ディアステージ
秋葉原ディアステージ。でんぱ組.incが誕生した、秋葉原に店を構えるライブ&バー。でんぱ組.incは元々この店の従業員で、結成メンバーは定期的にお店のステージに立ってアイドル活動を行っていた。

ところが、開催の1か月くらい前のタイミングで、券売状況が良くないということで、上司がイベントを中止にしようと判断しました。

コンサートの世界には時々あることですが、開催前の段階でチケット券売が予測を大幅に下回る場合、そのリスクを判断して中止や延期を検討します。とはいえヲタJAMの場合は、今中止にしても、開催しても、かかる経費は大きく変わらないし、赤字の金額もたいして変わらなかったので、それならやりませんかと提案したのです。するとそこから、「じゃあよろしく頼むよ！」に変わってしまった。その時点からこのイベントを完全に任されたという感じです。

僕は結果、右も左もわからない状態でヲタJAMを引き継いで開催したのですが、実は当時のことはあまり覚えていなくて。あのときはももいろクローバー（以下ももクロ）ほか、出演者の対応や、ニコ生[★12]での配信に追われていて、バタバタと慌ただしくやったって感じでした。それでも終わったときは悔しかったです。

これだけ準備をして、仕込んだものが赤字で終わるって。

なんというのか、今までやってきた仕事というのは、薄利ではあるけど、苦労したものに対しての対価は必ずあるビジネスでした。モノをつくったら、利益は薄

★12 ニコ生
ニコニコ生放送。ドワンゴが提供しているnicoのライブストリーミングサービス。

いかもしれないけど売上げは必ずあった。だけど、働いた上にその対価もなく、何ならこちらがお金払って終わるってこと、それはこれまで経験したことのない世界でした。

モノづくりに失敗して、「それを半額にしろ！」といわれて泣く泣く応じるなんてことはあっても、がんばったのにお客さんが入らなくて、結果こちらで制作費を持ち出すということが、斬新というか新鮮というか、信じられなくて。とにかく単純に悔しかったです。

半年間かけて準備してきて、その努力が1ミリも報われないという。

初めてのイベントと成果

ヲタJAMは秋葉原UDX、秋葉原CLUB GOODMAN、MOGRA秋葉原、秋葉原ディアステージの4会場に、それとUDXの向かいのPRONTOまで貸し切ってメイドカフェにしたヲタクカルチャーのイベントでした。わざわざメイド雇って。さすがにこれは余計なことをしました。そのときにディアステージから出演してくれたグループが、でんぱ組.ｉｎｃ★13（以下でんぱ組）でした。

秋葉原発のアイドルグループとしてでんぱ組.ｉｎｃ、ももいろクローバーがメインクラスにいて、私立恵比寿中学がいて。ヲタＪＡＭのキャスティングは出来上がっていきました。

僕は当時、ヲタＪＡＭ担当としてまだまだアイドルのお作法がわかっていませんでした。特典会★14のところで運営側であるマネジメントと主催側とで主張の違いがあり、ちょっと話が食い違うことも出てきて。ライブもあるし握手会もあるし。握手会のための場所確保も必要で。今では当たり前に理解できることが、当時はそんなこともよくわからなかった。

今では笑い話ですが、当時ＭＵＳＩＣ ＪＡＰＡＮ★15（以下ＭＪ）に、ももクロが出演ということで、ちょうど僕らがライブをやっている脇のスペースで「ＭＪをみんなで見よう！」、みたいな会が僕らに内緒で始まって。そこでは当然「責任者誰ですか？」みたいな話になり。攻めたことするなあ、とそ思いましたけど、その時の責任者が川上さん★16だったのです（笑）。そのやることなすこと攻め続けた面白いグループが爆発的にヒットし、一緒にいた私立恵比寿中学も追随していくことにな

★13 でんぱ組.inc
でんぱぐみインク。秋葉原のライブ&バー「秋葉原ディアステージ」の従業員で結成されたアイドルグループ。現在はメンバーの変更を経て10人体制で活動中。メンバー全員がそれぞれ特徴を持った生粋のヲタク。

★14 特典会
アイドルのステージ終了後や公演終了後、またはそれらの前に行われるアイドルとファンの交流会。有名なグループになると特典会だけの日を設けて行っているところもある。主な交流はメンバーとの握手やチェキ撮影、CDやそのほか商品の販売。

★15 MUSIC JAPAN
2007年から2016年までNHK総合テレビで放送されていた音楽番組。通称MJ。J-PO

るわけですけど。あのとき、川上さんともっと詰めて楽しい話が出来ていたら、その後のイベントが大きく変わっていたかも知れません。

結局このときはイベントの勝ち負けなんて、まったくわかりませんでした。何もかもがわからな過ぎましたね。それはキャストもキャスティングも、プロモーションの仕方もそうだし、経費の削り方とか、むしろ経費をかけるところとか。

とにかく何もわからなかったので、自分なりに勉強して、自分なりに勝負したいなって、イベント終了後に「来年は僕の仕切りでやらせてください」と上司に頼みました。なんとなく自分なりにこうしたい、この反省を踏まえて、今度は自分が責任者として勝ちにいきたいと思ってはじめたのが、@ＪＡＭなのです。翌年にヲタＪＡＭと同じチームで挑みました。

ヲタＪＡＭは、終わってみると地の利の悪いサーキットイベントになってしまいました。当初の予定では、ヲタＪＡＭの将来は、秋葉原中を回遊するサーキットフェス[★17]にしよう、行政や商店街などの方々とタッグを組み、ポップカルチャーを秋葉原から発信しよう、という壮大なテーマでしたが、結果は散々で。志は高かったけど、ちょっと実現性に乏しいイベントになってしまったという感じです。

P中心に有名アーティストから期待の若手アーティストまで幅広いジャンルのアーティストが出演していた。

★16 川上さん
川上アキラ。ももいろクローバーZのマネージャー兼プロデューサー。

★17 サーキットフェス
複数の会場を使って行われるライブイベント。入場料を払えばどの会場にも行き来は自由というのが基本。秋葉原、渋谷、池袋、新宿界隈では頻繁に行われているが、最近は地方のライブハウスでもまとまってサーキットフェスを行っているところもある。

僕としては、もう少しコンパクトに勝ちにいける方法があるのではと考え、そこで複数のステージが組める会場に目を付けて、新木場ＳＴＵＤＩＯ ＣＯＡＳＴ[18]でチャレンジすることに決めました。いま思うと結構走りではないでしょうか、新木場ＳＴＵＤＩＯ ＣＯＡＳＴでステージ回遊みたいな使い方したのは。

あとはネーミングを変えました。勝ち目とかわかりませんでしたが、とにかく、自分の意思で自分のフェスをやりたいなと思ったのです。

最初で最後の@ＪＡＭ

翌年２０１１年の新木場ＳＴＵＤＩＯ ＣＯＡＳＴで行われた@ＪＡＭでは、ＬｉＳＡやＭａｙ'ｎ、栗林みなみさんといったアニソン系アーティスト、ＤＥＣＯ＊２７のボカロ系や私立恵比寿中学、でんぱ組．ｉｎｃなどのアイドルに加え、司会に吉田尚記[19]さんを招くといった、今では考えられないような豪華な方々に出演していただき開催しました。

内容的には、アイドルだけがちょっと特化していた印象で、ライブ前後に特典

★18 新木場STUDIO COAST
東京江東区にあるライブイベントスペース。会場はメインのステージに加え、エントランスやラウンジ、テントなども利用できるため、ここだけでサーキットフェスのような回遊型のイベントができる。アイドルイベントではよく利用されている会場のひとつ。

★19 吉田尚記
ヨシダヒサノリ。ニッポン放送のアナウンサー。放送業界でも有名なアニメ・ゲームヲタク。「日本一忙しいラジオアナウンサー」ともいわれている。

会をしたいという話もそうでしたが、楽屋対応やそのほか同じカルチャーでも簡単、単純には混ぜられないな、ということを強く感じました。

また、このイベントでは、アニ飯・マンガ飯といって、アニメやマンガに出てきたどんぶりを提供してみたり、コスプレコンテストのCOSJ@Mを行ってみたりしました。しかしこのアニメどんぶりは、マニアック過ぎてお客さんに受けませんでした（笑）。あとは@JAM M@RKET。会場内のテントスペースに同人系の方々を呼んで、ミニコミケのようなこともやりましたが、ダメでした。そもそも僕自身がそっち方面の芯を食ってないからダメだったのでしょう。

@JAMのロゴはファンタジスタ歌磨呂[★20]さんにつくってもらいました。マイクやペンライトとか、@JAMのイメージを象徴して描いてくれました。でもまさかこのロゴをこんなに使い回すとは、あのときは思ってもみませんでしたけど。いや、こすり倒すくらい、使わせていただいています。また、当時は絵師さんにもイラストを描いてもらいました、キャラクターのジャムちゃん[★21]とか。なにがやりたかったのか、自分でもわからなかったです。可能性だけ感じてがんばっていたけど、当時としてはいろいろな意味で早過ぎたようです。時代に3年くらい早かった。今思え

★20 ファンタジスタ歌磨呂
アーティスト、イラストレーター、デザイナー、ディレクターなどマルチに活躍するクリエイター。

★21 ジャムちゃん
@JAM2011のキャラクター。マイクを片手にスピーカーをモチーフにしたヘアバンドがキュートな女の子。

ば尖がったイベントだったと思いますが。

結局、このイベントも赤字になりました。300万円くらいだったと思います。また、このときも相変わらず不勉強だったのが特典会でした。当時僕は、アイドルに特化してやっていたわけではないので、アイドルだけは特典会をやりたいという話になったとき、言われるがままに場所や備品を用意したり、特典会のタイムテーブルをつくったりとかやったわけですが、とにかくまったくの別ビジネスモデルなんだと。もっと勉強しないと、と思いました。

@JAM2011が僕にとってスタートのイベントでしたが、@JAMシリーズの中で、アニソンやアイドル、ボカロまで複数ジャンルを一堂に会して紹介するというカタチで開催したイベントは、いま思うと、この@JAM2011だけなのです。それ以降、あの形態はとっていません。やっていてそれぞれのファンの沸点の違い[★22]というか、難しさを痛感しました。なので最初で最後でした。

ヲタJAMから@JAMにタイトルを変更した経緯は、〝ヲタク〟って、おじさんと同じで、自分でいう分には許せるけど、人にいわれるのは嫌だろうなと思ったのがそもそもの動機です。そこで〝ヲタ〟って名前はやめようと変えました。

★22 ファンの沸点の違い
ライブアイドルのファンとアニソンシンガーのファンとでは、会場内の雰囲気や盛り上がり方が若干異なっている。アイドルが比較的色分けされているのに対し、アニソンシンガーには基本的に色分けのようなものはなく、そのことが会場内にも反映されているところが見受けられる。

でもＪＡＭというワードの持つ、セッションという意味がすごく気に入っていたので、響きの変わらない〝ＪＡＭ〟は残し、いろいろとアイデアを出し合って最終的に委員会メンバーと決めました。ただ、今思うと、なんで〝＠（アットマーク）〟にしてしまったのだろう、と若干後悔しています。いろいろな作業をしていても、エクセルにも入れにくいし、ツイッターもダメだし（汗）。

それと当時つくったステージが、アットステージとハッシュステージとオメガステージです。これらもなんでこうしたのか。まだまだ発想や勉強が足りなかったのでしょう。

またボカロ。ボカロはボカロで当時からとても音楽性が強かった。だから、もしボカロを掘り下げてやるなら、きちんと〝ボカロ祭〟をやらなくてはいけないと思いました。その後、ソニーミュージックでボカロに特化した「ウタカツ！スーパーライブ」を開催しましたが、そこに僕も参加し少しお手伝いさせてもらいました。やはりこの世界を極めていくならば多面的なアプローチが必要なんだなと思いました。

ヲタくくりから始まった＠ＪＡＭですが、アニソン・ボカロ・アイドルが三者三様に、それぞれ育んでいる世界が違うなと感じ、結果次回からはジャンルをアニソンとアイドルに絞ろうと決めたのです。

そうやってライブ事業に携わって2年目。ちょうどこのあたりから、いろいろな案件を扱うようになりました。2010年の秋からはヲタJAMと並行して、SPYAIR[★23]のライブプロデューサーを担当、2011年には、〝アジアミュージックコネクション〟[★24]というイベントを香港・台湾、そして日本で開催しました。

2011年は、レコチョクさんと共にお仕事するきっかけとなった〝MUSIC FOR ALL, ALL FOR ONE〟[★25]というフェスも行い、2014年まで計4年間続けました。僕がJ-POPをずっとやってきたというのが、ここで反映されたかたちです。

これはクリスマスの時期に、毎年3日間、国立代々木体育館を使って開催していたフェスでした。製作委員会として、ソニーミュージック、ワーナー、ユニバーサルのレコードメーカー3社に加え、メディアからはMTVが参加、そこにレコチョクが主催として加わり、テレビ局が行う音楽フェスのようなものを、東日本大震災をきっかけに僕らレコードメーカーで集まってつくろうよ！ということで始めま

★23 SPYAIR
スパイエアー。2005年結成の4人組ロックバンド。数々のテレビドラマやアニメソングの楽曲も手掛けている。

★24 アジアミュージックコネクション
日本の良質な音楽をセレクトして紹介することを目的とし、同時に各国で活躍しているアーティストを、日本をはじめ開催都市で同時に紹介するといった、ライブを通じてアジア全体をひとつの音楽マーケットと捉えた(株)ソニー・ミュージックエンタテイメント主催の音楽イベント。

★25 MUSIC FOR ALL, ALL FOR ONE
2011年から毎年クリスマスの時期に国立代々木競技場第一体育館にて開催されていたライブイベント。数々のビッグ

した。僕は主にキャスティングを担当しながら多くのアーティストに出演いただきました。

このようなイベントも傍らでやっていたので、バランスよくモチベーションも保ちながらライブ事業を続けていました。そしてようやくこのあたりから、コンサートのあるべき姿が、少しずつわかってきたのです。

＠ＪＡＭの話に戻ると、新木場ＳＴＵＤＩＯ ＣＯＡＳＴで開催してここでも赤字で惨敗し、その日イベントが終わった夜、深夜開いているお店を探して新木場から移動し、最後は浜松町で半べそかきながらスタッフと朝まで飲んでいた記憶があります。またダメだったかと。

自分ではがんばってつくってきたつもりだったので、さすがに今回はいけるだろうと思ったけどダメだった。ものすごく悔しかったです。何が悪いのかって、冷静に分析できていなかった。

そのあとすぐに、当時この新木場でのイベントを取材していた、雑誌『ＴｏｐＹｅｌｌ』★26の編集者・斎藤さんから「アイドルイベントが渋谷公会堂（以下渋公）であるので、よかったら観に来ませんか」と誘われ、それでアイドル横丁祭!!★27とい

アーティストに加え、話題のアイドルも出演したとても豪華で華やかなクリスマスを彩るライブイベント。

★26 Top Yell
竹書房発行のアイドル雑誌。雑誌としての体裁は２０１１年から２０１８年までとなっている。アイドルのライブイベントを読み物として紹介していった走りともいえる雑誌。

★27 アイドル横丁祭!!
ガールズユニット＆アイドル総合オフィシャルグッズショップ「アイドル横丁」が主催するアイドルライブイベント。２０１１年からアイドルライブを主催開催している老舗のイベント。

うイベントを観に行ったのです。

当時の@ＪＡＭというイベントは、ヲタク文化を広く発信するものだったので、僕はヲタク文化そのものを、面で見ていたところがありました。ところが、渋公でのアイドル横丁さんのイベントを見た瞬間、考えが一変したのです。

アイドルという世界は、こんなにも盛り上がっていて、しかも地方に、こんな沢山のグループがいることを、そのとき初めて知りました。アイドルファンのみなさんには笑われてしまうかもしれませんが、２０１１年、売れているアイドルや売れそうなアイドルはすでにいろいろなところに存在していて盛り上がっている。シーン自体が爆発寸前なんだということを、そのとき初めて知ったのです。

@JAMアイドルイベントの誕生

渋公でのイベントを観ながら、これを自分なりに整え直したら面白いかもと思い、こういうイベントを@ＪＡＭでもやりたいなと、そのとき強く感じました。

でもそれは、ヲタク文化の中のアイドルという意味では、たった一面に過ぎない。それならば、その一面に特化したイベントをつくってしまおうと、渋公のイベント後、すぐに〝@JAM the Field〟をつくろうと動きました。それで、土、日で押さえられる会場を大急ぎで探り、翌2012年6月9日、10日、渋谷のduo MUSIC EXCHANGE★28を2日間押さえてイベントの準備に取り掛かりました。いま思うとスタートとしてはとても身の丈に合った会場でした。今後着実にシリーズ化していきたいという思いもありましたから、大きな会場で無理をするつもりはなかったのです。

でも、実はこの年、一番肝心の@JAMという本丸イベントは休んでいます。2012年だけ本丸の@JAMはやっていないのです。その間、もっと自分なりにアイドルを掘り下げたいということで、前述の@JAM the Fieldをつくったのです。@JAM NEXTも同年にスタートさせました。

まずはひとつずつ潰していくぞ、という想いで動きました。〝@JAM the Field〟という意味は〝ひとつの領域・ジャンル〟といったような意味で。だから、当初はアイドルコレクションというサブタイトルも付けたのです。『@JAM the Field～アイドルコレクション～』。

★28 duo MUSIC EXCHANGE
東京・渋谷にあるライブハウス。会場内に大きな柱が2本あるのが特徴。対バンイベントからワンマンライブまでアイドルイベントの使用頻度がかなり高いライブハウス。

ゆくゆくは、アニソンコレクションとかもつくれるようにと考えていました。

そこから、アイドルを本格的に勉強していこうと決めました。アイドルのマネジメントに、初めて自分から、キャスティングを一からお願いしようと。エイベックスさんに行ったり、スターダストさんへ行ったり、もちろんアップフロントさんにも行きました。いろいろなところに対して動き出したときでした。

このときが本当の意味で、今の@JAMのスタートなのかな、と思っています。初めて面を点で追っていくというか、ヲタク全般ではなく、アイドルというものの自体にしっかり入っていかないと、芯を食っていかないと勝てないなと気付きました。

逆にいえば、アニソンに関しては、同じグループ会社であり、チームとしても一緒にやっていたエムオン！のなかに、『リスアニ！』★29という強力なコンテンツがあったので、今さら僕が一からアニソンを勉強する必要がなかったわけです。

アニソンは、どこまで行っても『リスアニ！』とタッグを組んでやろうというつもりだったので、それならその間、僕はアイドルを学ぼうと思いました。

ライブアイドルを見ていると、歌やパフォーマンスで足りていないところがあっ

★29 リスアニ！
エムオン・エンタテインメント発行のアニメソング専門雑誌。2010年4月創刊。創刊当初より「リスアニ！LIVE」シリーズのほか数多くの音楽イベントを開催している。

たり、どこか完成されていないことも多い。でも、足りてないけど、その成長物語★30が実は面白いんだろうな、というのがなんだかわかって。可能性を感じました。当時はドロシーやひめキュンフルーツ缶★31（以下ひめキュン）、しず風＆絆～ＫＩＺＵＮＡ～★32あたりが気になっていました。その中でも特にドロシーのストーリーには惹かれましたね。

その後、早くＦｉｅｌｄを立ち上げなくてはと、Ｆｉｅｌｄに出演してもらう人を、とにかくキャスティングをがんばりました。そのときに賛同してくれたのが、アップアップガールズ（仮）★33（以下アプガ）でありＢｉＳ★34であり、９ｎｉｎｅ★35であり。もちろん、でんぱ組．ｉｎｃはヲタＪＡＭから２年間一緒にやってきたので、僕が何を考え、どうしたいかというのは比較的共有させてもらっていたような気がします。ですからすぐに賛同してくれたのだと思います。

そのころにごいっしょさせていただいた、私立恵比寿中学の藤井さん、もふくちゃんもそうだし、アプガの山田さん★36もそうなのですが、みなさんとはグループやイベントの生まれたタイミングが近いので勝手に戦友というか、仲間だと思っていました。いまでは更にその気持ちは強くなっていますが、当時は名もないイベント

★30 成長物語
ライブアイドルの楽しみ方として、成長過程を見守るというところがある。

★31 ひめキュンフルーツ缶
２０１０年、愛媛県・松山を拠点に活動を開始したダンス＆ボーカルグループ。

★32 しず風＆絆～ＫＩＺＵＮＡ～
シズカゼ アンド キズナ。名古屋を中心に活動していたアイドルグループ。２人組のしず風と４人組の絆～ＫＩＺＵＮＡ～によるユニット体制となっている。

★33 アップアップガールズ（仮）
アップアップガールズかっこかり。２０１１年結成。メンバーは変更しながらも現在もなお活躍中。

の主催者が一方的にそんなことを思いながら接していたので、もしかしたら馴れ馴れしかったかもしれません。それでもどこかで同じようなことを考え、苦楽をわかってくれていたのかも？という気はしています。今度あらためて聞いてみようと思います（笑）。

2012年、初開催となる@JAM the Fieldは2日間行いました。6月9日の土曜日は、Top Yellの斎藤さんからローカルアイドルを紹介してもらい、北海道のJewel Kiss[★37]、愛知のしず風&絆〜KIZUNA〜、そして愛媛のひめキュンフルーツ缶の3組でスリーマンライブ。翌10日の日曜日は、アップアップガールズ（仮）、でんぱ組.inc、BiSの3組にスペシャルゲストとして9nineを加えてのライブ。この公演を見て僕は「おっ、なんかいけるじゃないか」と思ったんですよね。ステージ観ていてもそうだし、お客さん見ていても、それぞれの熱量に鳥肌が立ちました。

これ「絶対に面白くなるぞ！」と思ったのが、そのときでした。

そこからの同年10月、SHIBUYA-AX[★38]での開催。そのときは、僕がほぼすべてキャスティングをしていきました。当時は東京女子流[★39]（以下女子流）がグルー

★34 BiS
ビス。2010年に結成後、解散、再結成を繰り返し現在第3期として活動中。

★35 9nine
ナイン。2005年から2019年まで活動を行っていたパフォーマンスガールズユニット。

★36 山田さん
山田昌治。YU-Mエンターテインメント社長。

★37 Jewel Kiss
ジュエルキス。2008年から2015年まで札幌を拠点に活動をしていた、小学生から高校生までの7人で構成されたローカルアイドル。

★38 SHIBUYA-AX
2000年から2014年まで営業をしていたラ

プ初となる武道館公演を前に盛り上がっていて。そこで、このときのＡＸでは東京女子流へ大トリをお願いしました。

余談ですが、当時青山のエイベックスビルにあったドトールコーヒーで、女子流の担当だった佐竹さんへ「新参者のイベントだけど是非ごいっしょしてほしい！」と、熱くプレゼンしたことを今でも鮮明に覚えています。

このときは、単に僕がすごいなと思っているグループばかりを呼びました。それはＬｉｎＱ[★40]でありドロシーであり、また、ひめキュンであり。でんぱ組やアプガであり。

特に覚えているのは、この日アプガが「ＵＰＰＥＲ　ＲＯＣＫ」を初披露したのですが、出番までの間、ずっと外の駐車場で練習していて。特に前回の＠ＪＡＭ ｔｈｅ Ｆｉｅｌｄに体調不良で参加できなかった佐藤綾乃が、ずっと涙を流しながら必死に踊っていたことが印象的でした。

またイベントナビゲーターとして、アフィリア・サーガ・イースト[★41]（以下アフィリア）のユカフィンとルイズに司会を務めてもらいました。当時アフィリアも大変人気で。サプライズでグループのみんなも呼んでパフォーマンスをしてもらい、会

イブハウス。キャパはおよそ1，700人。ワンマンライブや大きな対バンイベントなど、数多くのアイドルイベントも行われていた。

★39 東京女子流
トウキョウジョシリュウ。4人組のガールズ・ダンス&ボーカルグループ。2010年から活動を開始。

★40 LinQ
リンク。福岡を拠点に活躍中のアイドルグループ。2011年4月、オーディションで選出した33人で活動開始。

★41 アフィリア・サーガ・イースト
2008年、お店のキャストで構成されたメンバーで活動を開始したアイドルグループ。現在は「純情のアフィリア」と改名し活動中。

場を沸かせてくれました。それと開場時とステージ転換時、DJ和くんにお願いしてアイドルの曲を流してもらい、待ち時間も楽しんでもらうという演出をしました。

驚くのはこの当時、タイムテーブルは事前発表★42していませんでした。「イベント本編の出演順の発表はありません」と、わざわざ告知で伝えていましたからね。それに公演時間が15時半から20時という時間帯も、その後のFieldと比べるとあっさりしていましたよね。

この日のイベントでは、春にバンド演奏で行ったアイドル横丁さんの横丁祭!!と同じSHIBUYA-AXで開催できたことに、自分の想いがひとつ叶った日でもありました。そのステージ内容には追いついてはいないけど、同じ会場で出来たんだなって、少しだけ嬉しく感じていました。

2013年2月の@JAM the Fieldでは、いずこねこ★43とJewel Kiss、Dorothy Little HappyとParty Rockets、ひめキュンフルーツ缶とnanoCUNE★44という、一部むりやり感はあるものの、姉妹的スリーマン対決★45のような企画をつくって開催しました。

そして、このときFieldのエンディングで、満を持して@JAM2013

★42 タイムテーブルは事前発表
現在では当たり前となっている、イベント告知でのタイムテーブル発表。タイムテーブルを発表することで、お客さんは推しの出演時間がわかり、それを元にその日のスケジュールを立てるという流れができる

★43 いずこねこ
2011年から2014年まで活動をしていたソロアイドル。

★44 nanoCUNE
ナノキュン。2010年、なのキュンとして結成。その後nanoCUNE表記に。2017年に解散。

★45 姉妹的スリーマン対決
2013年当時、ドロシー&パティロケ、ひめキュン&nanoCUNEと同じ事務所内で姉妹

年の開催と第一弾出演者の発表をしたのです。でんぱ組.inc、DorothyLittle Happy、BiS。なんだか感慨深かったです。

　このころは、イベントごとに出演者と@JAMのコラボTシャツをつくっていて。僕の中でコンサートって、グッズ売ってなんぼだという意識があったのと、洋服が大好きだったので、いろいろなブランドとのネットワークがあったこともあり、ここではナノユニバースや裏原系ブランドのデザイナーたちとコラボして毎回Tシャツをつくっていました。出演組数だけの種類を毎回つくるって、結構大変な作業ではありましたが、楽しくやっていました。

関係にあるグループを出演させて、そこに本来北海道で姉妹関係のような活動を行っていたJewel Kissとフルーティーを参加させる予定が、日程の関係で急遽仲の良かったいずこねこが友情出演という形でイベントに参加して開催された。

「@ JAM the Field　アイドルコレクション vol.3」
@JAM がアイドルに特化したイベントを立ち上げて間もないころ。

第二章：ライブアイドルに夢への階段を

@JAM派生イベント

@JAM the Field

2012年4月のアイドル横丁祭!!を観るため、SHIBUYA-AXへ行きました。それがまた衝撃的でした。多くのグループに加えて、まだ結成間もないBABYMETAL[★1]や、ハロー!プロジェクトからは℃-ute[★2]も出演していて。しかも構成は箱バンをいれたバンドセットだったりと、とにかく豪華な内容だったんです。僕がやりたいのって、こういうことじゃないの。と、まざまざと見せつけられたというか。アイドル横丁さんってすごいイベントだなと感じました。

まずは、横丁さんに並べるようなイベントをつくりたいと考え、同年6月9日、10日の二日にかけて渋谷のduo MUSIC EXCHANGEを押さえ、アイドルに特化したイベント、@JAM the Fieldを初めて開催しました。

当時、アイドルコレクションというサブタイトルを付けていた理由ですが、ほ

★1 BABYMETAL
ベイビーメタル。「さくら学院」の派生ユニット「重音部」として2010年に同部に所属していた3人で活動を開始。2011年にユニット名を「BABYMETAL」と改名し活動の場を世界に広げていく。

★2 ℃-ute
キュート。2005年から2017年まで活躍していたアイドルグループ。数々のヒット曲とともに、キレキレのダンスでファンを魅了。ライブアイドルたちの中にも℃-uteファンは多い。

かのジャンルでも特化したイベントをそれぞれやっていくつもりだったので、その都度○○コレクションっていうのをあえて入れていたわけです。

@JAM the Field の第2回は、同年10月にSHIBUYA-AXで開催したわけですが、そこからは、定期的にこのイベントを開催するようになりました。以降、毎年10月と2月にやり続けていて、現在も変わらずやっています。

@JAMイベントの中では中規模イベントという位置づけで、これまで会場はあまり固定せずやってきました。AXでやったときもあれば、六本木のZeppブルーシアター[★3]でやったこともありました。最近では、LIQUIDROOM[★4]と新宿BLAZE[★5]が定番になっています。

当時は8月の@JAM EXPOもなく、軸として年に3本、1年をトライアングルとして捉えて開催していました。@JAM the Fieldが秋と冬2本からの、春の本丸となる@JAMという流れだったので、すごく重要な役割のイベントになっていました。

その後の@JAMに向かう人たちの中には、常連になっていく、いわゆる@JAMファミリーたちも多くいました。

★3 Zeppブルーシアター
2007年から2017年まで東京の六本木にあった劇場。アイドルでは乃木坂46のアンダーライブが行われていた会場。

★4 LIQUIDROOM
渋谷区恵比寿にあるライブハウス。収容人数は1000人。

★5 新宿BLAZE
新宿の歌舞伎町にあるライブハウス。収容人数は800人。

ドロシー、LinQ、ひめキュンといった地方勢、アプガやでんぱ組、女子流など、多くのグループに出演してもらいましたが、Fieldを立ち上げた当初は、BELLRING少女ハート[★6]、いずこねこあたりも個人的には応援していました。音楽的に突き詰めてやっている人のグループがとても好きなので、うまくフックアップ出来たら素晴らしいだろうなと思っていました。

こうしたイベントのキャスティングについては、実は僕が好きなTV番組〝ロンドンハーツ〟に影響を受け、参考にしていました。ロンドンハーツという番組は、ロンドンブーツ1号2号によるバラエティー番組で、シリーズとして20年続いている長寿番組なのですが、今でも欠かさずに見ています。この番組では、毎回テーマによって男性芸人や女性芸人、また企画で特集される芸人さんなど、レギュラーや準レギュラー的な方たちを絶妙なバランスで配置しながら飽きさせない構成をつくっています。また、そうした起用法がファミリー感を生み、チームの和をつくりながらアットホームな空気感も生み出しており、まさに加地プロデューサー[★7]と出演者でつくり上げている世界観だと思っています。そんな世界観を自身のイベントでも出せたら良いなあ、と常に考えていました。

★6 BELLRING少女ハート
ベルリンショウジョハート。2012年に活動開始。レトロでサイケなサウンドとメンバーのパワフルなステージパフォーマンスでファンの心をつかむ。2016年の年末に「崩壊」。通称ベルハー。

★7 加地プロデューサー
加地倫三（カヂリンゾウ）。テレビ朝日エグゼクティブプロデューサー・ゼネラルプロデューサー・演出家。「雨上がり決死隊のトーク番組 アメトーーク！」「ロンドンハーツ」など多数の番組を演出、プロデュースしている。

思えば当時は、オムニバスイベントというのが、お客さんにとって新鮮な時期だったと思います。だから本当に、話題のグループが出演すると「うわ、来たぞ！」という感じで、相乗効果でお客さんが集まるといった雰囲気がありました。

ところがいつからか、確か２０１６年か17年あたりから、あらゆるオムニバスのイベントに、やりつくされた感が出てきちゃって。

ではどうやって@ＪＡＭらしさを出していくのか。それが段々難しくなってきて、今は工夫がもっともっと必要になってきているのかなと、時折立ち止まって考えたりもしています。

昨今、オムニバスイベントをする人たちの中には、グループの価値を集客数で勘定しているような人が結構多くいて。それは当たり前のことかもしれないですけど、このグループはワンマンライブで何人呼べる、対バンだと何人呼べますよ。こんな会話を、よく耳にしますが、その足し算で会場のキャパと集客のバランスをとっているのかな、と思っていたりもします。

ある意味すごく正しい考え方ではあるのですが、僕はどちらかというと出演してもらいたいグループの半年先、１年先を踏まえたストーリーをいっしょに考えていけるようにつくっていきたいと考えています。たとえば、次のＥＸＰＯで何か盛り上がりをつくるために、今回のＦｉｅｌｄに出演してもらって、その後5月の本丸＠ＪＡＭに出演し飛躍してもらい、みたいな流れを考えて動いているので、あまりグループの持っている数字というものを意識したことはないのです。

あとはイベントの信念として、出演してもらいたいアイドルのステージを必ず事前に見に行くことにしています。「出演させてください」といわれて「いいですよ」というのは簡単です。でも、その「いいですよ」には、いつ、どのタイミングで、誰といっしょに出演してもらうのか、ということが大事じゃないですか。出演してもらう以上、しっかり向き合ってからと考えています。

「＠ＪＡＭ ＥＸＰＯに出演したいです」という話も嬉しいことによく聞きますが、たぶんＥＸＰＯにポンと出てきても、恐らく何もないというか、残せないでしょう。ではどうやって＠ＪＡＭ ＥＸＰＯで、少しでも爪痕を残せる★8ように主催として持ち上げられるか、盛り上げて差しあげられるのか、ということが一番重要な気がするので、できるだけグループのライブは観るようにして彼女たちの魅力を捉え、僕なりのストーリーを考えるようにしています。これはＥＸＰＯの時期とか

★8 爪痕を残せる
アイドルが初めて出演するステージでいかにお客さんに覚えてもらえるか。どうしたらその1回のパフォーマンスでお客さんの心をつかむか。印象の度合い。

関係なく一年中やっています。出演してもらうグループにとってもそのほうがわかりやすいですからね。

@JAMとして総じて、常に僕やスタッフが自信をもって良いと思えるグループに出演してもらっています。イベントの勝ち負けというのは終ったあとの結果です。それは天候や状況によっても大きく変わってきます。まずは自分たちの想いや信念があることが大切なのだと思っています。

答えはわからないけど、聞きかじった目先の数字だけで勝とうと思い、それだけで出演者を決めていないというか。そのためなのか、結果として@JAMのイベントは、いつも出演者が豪華過ぎると言われますけど、そういう理由なのかもしれません。

KAWAII POP FES

元々、当時担当していた業務の関係で、香港や台湾など、海外の案件をいくつか行っていました。

アジアまわりの現地プロモーターと接する機会がある中で、香港から「日本のポップカルチャーを紹介して欲しい」という連絡が会社に入り、そこから@JAMでやってみないか、という話になりました。とはいえ、@JAMを香港でいきなり開催しても、浸透しないだろうということで、社長のアイデアからネーミングを考えて始まったのがきっかけです。

海外で主催する方から、アイドル関係のイベントの実情について聞いてみると、現地でも日本人のお客さんばかりだ[★9]という話をよく聞きます。せっかく海外で行っても、結局は遠征組のファンたちばかりで、国内でやっているのとさほど変わりないことも多いという。ただ、このKAWAII POP FESは、もちろん日本からのお客さんもいましたけど、プロモーターががんばったこともあり、現地のファンも多くいて、そういう意味ではある程度グローバルな盛り上がりはみせていました。

@JAM OVERSEAS

KAWAII POP FESは香港で2回、台湾でも2回行いました。

そこで、ある程度こうやれば勝てる、こうやったら負けるというのが見えてき

★9 現地でも日本人のお客さんばかり
海外でイベントを行う場合、旅行会社など一緒にツアーを組むことがある。その場合、日本からのお客さんは会場に集まっているけど、意外と現地の人には伝わってなく、結果日本人しかいないようなイベントに見えてしまうこと。

て。とはいうものの当時は、このイベントもやるたびに赤字でした。どうがんばっても、出演者の渡航経費が飛び出てしまうという感じで。毎回〝クールジャパン〟に関連した助成金を利用して、なんとかやっていたのですが、この先も同じようにそのまま続けていくのは難しい、という判断となっていました。ちょうどそこへ、中国上海のプロモーターが「＠ＪＡＭの名義でイベントを行いたい」という話を持ちかけてくれました。

＠ＪＡＭのブランド名を貸し出し、演出やキャスティングを任せてもらいながら、中身をつくって、それを海外に運ぶというイメージです。まさに、渡りに船のお話で、二つ返事で進めました。

このとき初めて上海でイベントを行ったのですが、中国の本土でイベントを行う場合は、歌詞の検閲があって出演者の唄う歌詞はすべて事前に日本から上海へ送って検閲を通す必要があります。

またＳＮＳも、それぞれ独自にオリジナルのものがあって。配信についても国内でいうニコ生のようなものとして、ｂｉｌｉｂｉｌｉ★10というサービスがあり中国というお国柄か、視聴者数もケタ違いにあったので、プロモーションの協力を頂い

★10 ｂｉｌｉｂｉｌｉ　ビリビリ。中華人民共和国の有料動画サイトおよびエンターテイメント・コンテンツ企業。

て進めました。

以降、香港でも同様のスキームで「@ＪＡＭ×ＴＡＬＥ」として行ったり、２０１９年からはタイのＪＡＰＡＮ ＥＸＰＯとも協力態勢をとりながら海外展開をしています。

この２０１３年から続けている取り組みが、少しずつでも日本のアイドルシーンを紹介する場となり、アイドルのみなさんが海外で活躍するきっかけになればと思っています。アイドルの子たちにとっても、さまざまな国でパフォーマンスが出来るっていうモチベーションにもつながりますしね。

@JAM NEXT&PARTY

２０１２年から始まった@ＪＡＭ the Ｆieldは、１年の時間軸で10月と2月にあり、5月に本丸の@ＪＡＭがあります。年に3本しかないこのイベントを、どうやって回していくか。ということと、ちょうどこの頃、次々といろいろなグループが結成されたこともあり、おぼろげながら、大規模・中規模・小規模という形でイベントの軸をつくりたいと考えていました。

そこで、当時ＡＫＩＢＡカルチャーズ劇場★11が立ち上がったときに、そこと一緒に組んで始めたのが＠ＪＡＭ ＮＥＸＴです。

この＠ＪＡＭ ＮＥＸＴや後の＠ＪＡＭ ＰＡＲＴＹは、つくばテレビ（ＡＫＩＢＡカルチャーズ劇場）さんとの共同事業なのですが、この頃は、自分の勉強の幅がすごく広がった時期でもありました。

こんなに多様なグループがいるなら、ぜひ出演の機会を増やして紹介していきたい。ただ、そこでいきなりＦｉｅｌｄや＠ＪＡＭに出てもらう訳にもいかずで。そこにちょうど２００～３００名ほどの箱が秋葉原に開館するという話を聞きつけ、会場視察から即決でイベント開催を決めました。自身のルールながら、出演してもらうグループのステージは事前にチェックしないといけないので、たくさんのライブを観まくりました。

ちなみに、＠ＪＡＭ２０１３のときは、お台場にあるダイバーシティ東京のフェスティバル広場に野外ステージをつくり、並行して無料イベントも開催しました。そこに＠ＪＡＭ ＮＥＸＴと親和性の高いグループに多く出演頂きました。結構手の込んだ感じになりましたが、おかげでとても盛り上がっていました。

★11 ＡＫＩＢＡカルチャーズ劇場
秋葉原のＡＫＩＢＡカルチャーＺＯＮＥの地下に２０１３年にオープンしたライブ劇場。ほぼ毎日アイドルのライブイベントが開催されている。

@JAM NEXTでいうと、アイドルネッサンス[★12]や東京パフォーマンスドール[★13]といった、社内のグループ会社で始めたアイドルのデビュー対バンライブの場にもなりました。そうしたお披露目の場所として使ってくれたりもしていたので、僕としても大事にしているイベントです。

そして@JAMに出るなら、どんなグループもまずPARTYから出てね、というような流れが出来、@JAMシリーズの導線がここから始まる感じとなっていきました。まずはここからアイドルにはシリーズを制覇してもらいたいという想いです。

ところで、@JAM NEXTからPARTYに変更した理由は、2013年から@JAM NEXTを3年間やり続けたのですが、そのころはアイドル戦国時代[★14]といわれている時期でした。

しかし、16年ごろから、比較的安定してきたというか、新規のアイドルが出てくるというよりは、既存のグループが切磋琢磨し、継続して強くなっていく時代に入ったと感じました。

それぞれのグループが多くのイベントに出演し、基礎を固めていくという段階

★12 アイドルネッサンス
2014年から2018年まで活動をしていたアイドルグループ。ビッグアーティストのカバー曲をしっかりと歌い上げ、ファンを魅了。

★13 東京パフォーマンスドール
2013年、新メンバーによりおよそ17年ぶりに復活したアイドルグループ。第一期は1990年から1996年にかけて活動を行っていた。

★14 アイドル戦国時代
大手マネジメント所属のアイドルから地下、ローカルアイドルまで、2010年頃を皮切りにどんどんと結成され、それが勢力図のようなもので示されるようになって使われ出した。

から、成熟期に入ってきた気がしたので、NEXTといういかにも〝これからの新人です〟のような扱いはイベントにも合わなくなってきたのです。

また、@JAMシリーズとしても、地に足をつけて行っている一番のイベント、という位置付けにしたかったので、あえてNEXTという〝新人が出ます〟〝これからのグループのイベントです〟という印象の表現はやめたのです。

Field や@JAMには、イベントの〝顔〟といわれるような、常連のグループも出演しますが、NEXTでは、なるべくより多くのグループに出演してほしかったので、二度三度、出演回数が被ることのないようにしていました。ですが、PARTYになってからは、そこもオープンにして、良いと思うグループは積極的に出演してもらう。そういう流れに変わってきました。

それこそ今では、2020年9月の@JAM PARTYに、26時のマスカレイド[★15]、10月にはFES☆TIVE[★16]が出演してくれるような、賑やかで面白いイベントとなっています。

★15 26時のマスカレイド
ニジュウロクジノマスカレイド。2016年に読者モデルアイドルオーディションで選出された7人で活動開始。現在も精力的に活躍中。通称ニジマス。

★16 FES☆TIVE
フェスティブ。2013年に「お祭り系」をコンセプトに活動を開始。ステージパフォーマンスもお祭り系にふさわしく、明るく賑やかで観ている者に元気を与えるステージとなっている。

@JAM MEETS

@JAM MEETSは、前身の「QUATTRO MIRAGE vs @JAM」というところから始まっています。QUATTRO MIRAGEという、CLUB QUATTROとタワーレコードが立ち上げたロックバンドの対バンライブイベントがあり、それと@JAMが組んで、平日の月~木曜日、2週にわたっての全8日間、@JAM陣営とバンド陣営が毎回ガチで対バンするというイベントでした。

ラインナップは、バンド陣営からはSPYAIR、グッドモーニングアメリカ、ねごと、赤い公園などを招き、アイドルからはアプガやBiS、ベイビーレイズやでんぱ組など、これまた豪華な布陣で臨みました。

毎回、バンドとアイドルがオープニングで登場し、じゃんけんをして先攻後攻を決めるというルールにしたのですが、そこもガチだったので、その結果の都度、ステージに置かれているバンドセットをバラシたりセッティングしたりと、本当に大変でした(笑)。

そして、話は少し逸れますが、このときバンドとアイドルのことがわかるMC

を探していて、当時のスタッフがツイッターで「バンド」「アイドル」「芸人」で検索し、見つけてDMを送ったのが、今は@JAMにとっても僕にとっても欠かすことの出来ない仲間となった、スベリー杉田なのです。

スベリーは、早稲田大学に通いながら芸人を目指して、よしもとに入るのですが、その後にコンビを何度か変えながらがんばっていたようです。そのころは「こんにちは計画」、英語にするとハロー！プロジェクトという何ともヲタクなコンビ名で活動していたのですが、少し過渡期だったようで。そのせいもあってか、そのときは8日間まるっと空いていたそうで、MCを快諾してくれました。結果として、そのころの暇さに感謝するほど、今では良い出会いだったと思っています。

バンド×アイドルの対バン企画もその後は、どこでも観られる普通のライブイベントになってしまいましたが、当時はキャスティングも含めてガチだったので、相当尖っていて面白かったです。

このイベントのDNAを受け継ぐ恰好で、以降定期的にこのようなノンジャンルのイベントをやっていこうよ、となったのがMEETSです。

バンドとアイドルの間にクッションとしてDJダイノジ[★17]を置いて、ダイノジと

★17 DJダイノジ
ディージェーダイノジ。2005年から活動を開始。DJを大谷ノブ彦、エアギターとパフォーマンスを大地洋輔が担当。世界エア・ギター選手権で大会連覇するほどの実力者。本業は吉本興業所属の芸人。

いっしょにやっていこうと。今はまたちょっとカタチを変えて、2019年からは深夜イベントにチャレンジしています。

成人を迎えたアイドルも増えてきている中で、深夜という時間帯に出演してもらい、お酒を飲みながら緩やかに朝までやりましょう、というイベントで毎回SOLD OUTになるほどの盛況ぶりです。

たまにやると深夜のイベントも楽しいですね。

それに深夜系のアイドルイベントは、あまり定着しているものはないです。アイドルも成長と共に年齢も上がっていく中、活動の場を少し変えてあげることで、お客さんも楽しいし、我々も楽しい。この日ばかりは僕もずっと飲んでいます(笑)。

それと実は、地味にこのイベントが再入場可能[★18]だったり、飲酒可能だったり、並行物販[★19]したりと@JAMシリーズでNGのことをやってたりします。

「普通のイベントでやってくれよ」といわれそうですが。

New Year Premium Party

TOKYO IDOL FESTIVAL[★20]（以下TIF）の3代目総合プロデュー

★18 再入場可能
アイドルイベントは長時間行っていたり、特典会の場所が会場から離れていたりすることもあり、そのために主催者によっては、一度会場の外に出ても再び戻ってこれるスタイルをとっている。

★19 並行物販
イベント終了後に行う物販を、イベントによっては出演組数の関係でステージをやりながら、ステージ前や終了したグループに物販を行ってもらい、時間内にイベントを終わらせるという方法。

★20 TOKYO IDOL FESTIVAL
主に毎年夏に開催される大型アイドルフェス。会場はお台場・有明一帯を回遊するかたちで設けられている。出演するアイドルの組数も最大級。

サーである濱田さんのときから「冬にフェスをいっしょにやりませんか？」と打診をしていたものが、2年越しにようやく実現することになりました。

でも実際に動き始めたときには、すでに濱田さんは担当でなくなってしまい、とても残念でした。確か、濱田さんがTIFに携わっていたのが16年までだったと思うので、フェスの内容、流れだけ決めて異動されてしまったと記憶しています。

このフェスは、2017年からスタートし、「前年に@JAMやTIFへ出演してくれたアイドルたちと新年をお祝いしよう！」というコンセプトで行っています。また、夏のフェスでは実現しにくい40分のステージをベースにプレミアムなライブを目指しています。

このフェスのライブ制作チームは@JAM、トークステージはTIF、ほか中身は両者でいっしょにつくっています。

そのほかの関連イベント

関連イベントはどれも流れの中で自然発生的に始まったことが多いです。「@JAM THE WORLD 春のジャムまつり！」は、SHOWROOM[★21]の番組『@J

★21 SHOWROOM
ライブ配信や視聴などアイドルとの親和性が高いストリーミングサービス。

AM応援宣言！@JAM THE WORLD』からの派生で、番組の公開収録イベントをやろう、というところからの開催でした。

DOUBLE COLORは、タワーレコードや雑誌〝GiRLPOP〟、Pigooやオデッセーと組んで、隔月で開催したツーマンライブです。かなりがんばったイベントで、毎回パンフレットもつくっていました。隔月でトータル12回やりましたから、丸2年間ですね。

でもこれこそ、お客さんが入ったり入らなかったりで、事業的には大変でしたよ。それでもジャンルの違うグループ[★22]同士のライブを少しでも多く観てもらいたくて。

たとえば、アプガのファンと女子流のファンには楽曲的にもあまり共通項がないとか、THEポッシボー[★23]のファンとCheeky Parade[★24]のファンは絶対違うだろうとか。そういうアイドル同士、敢えてジャンルの違うグループを呼ぶのに躍起でした。せっかく会場でツーマンやるわけだし、このイベントを通じて双方の魅力を知り応援してもらいたい。DOUBLE COLORはそんな想いで進めたイベントでした。

★22 ジャンルの違うグループ
正統派といわれるキラキラ系から、体力が自慢のアスリート系、ゴリゴリのロック系など現在では多種多様なアイドルが存在している。

★23 THEポッシボー
2006年から2018年まで活動していたアイドルグループ。2015年7月以降は「チャオ ベッラ チンクエッティ」に改名。

★24 Cheeky Parade
チィキィパレード。2012年から2018年まで活動していたダンス&ボーカルグループ。通称チキパ。ステージ衣装にも注目が集まっていた。

@JAM EXPO

日本一の室内型アイドルフェス

2012年、当時Zeppライブエンターテインメント社として、アイドリング!!![25]のライブ制作を手伝ってもらえないか、という話がありました。結局実現はしなかったのですが、そんなこともあって当時の門澤さんや濱田さんほか、TIFチームとは面識がありました。

そんな中、2013年のTIFをもって、門澤さんが異動されるという話になり、そのときに「来年TIFはやらないかもしれないんだよね」とおっしゃっていたのを聞いて、それならば、アイドルシーンの灯を消さないためにも、僕らがやらなくてはダメだと思ったのです。それが@JAM EXPO開催のきっかけです。

僕らは2012年から@JAM the Fieldを、その後@JAM NEXTや海外公演をスタートさせてきました。ただ、TIFとは完全に育ちが違う。あ

★25 **アイドリング!!!**
フジテレビ発のアイドルグループとして2006年から2015年まで活動。メディアやフェスなどに早くから参加していた、今のアイドルの流れをつくった先駆け的存在。

ちらはテレビ局が1年に一度打ち上げている大きな花火じゃないですか。それに比べて僕らは小さいものを地道に積み重ねてつくってきた。

そういった意味では、お互いの流れやカタチは違いますが、門澤さんたちが育ててきたTIFが、2013年以降なくなってしまったら、確実にアイドル業界の盛り上がりが消えてしまうという危機感に駆られ、それなら僕らがやらねばという思いで立ち上がりました。

当時うちの会社では毎年8月の終わりに〝WIRE〟という、電気グルーヴの石野卓球さんと行っていたテクノフェスがありました。深夜の横浜アリーナを使って朝まで盛り上がるという、とにかく楽しいイベントでした。ただ、そのころがちょっと過渡期を迎えていたので、2013年をもって少しお休みしようという話が持ち上がっていました。13年の夏が終わり、やはり14年はお休みという流れになったときに、「だったら2014年の横浜アリーナを僕に預けて欲しい」という提案をし、2014年の夏に横浜アリーナでフェスをやれることになったのです。

だから逆に言うと、会場探しの手間は省けたというか、たまたま社内で、夏の終わりの横浜アリーナを持っていたというのがきっかけで、それならこの会場を使って、大きなフェスをやろうと決めたのがＥＸＰＯのスタートなのです。

フェスへの準備

初めての大型フェスを行うのに、僕が参考にしたのは〝ＮＡＮＯ‐ＭＵＧＥＮ ＦＥＳ．〟でした。ナノムゲンフェスというのは、当時アジアン・カンフー・ジェネレーションが横浜アリーナを使って行っていたフェスで、ステージを会場内に三つ四つつくって行っていました。そのため、横浜アリーナで複数のステージがつくれるということは、ある程度織り込み済みでした。

むしろ、そこに何組のアイドルが出演できるのか、ということの方が問題でした。そういう意味では、やはりゼロベースだった初年度が一番大変でした。我ながらよくやったと思います。挙句の果てにはアイドル運動会までやりましたから。

当時は、ワイヤレスマイクを会場内に１２０本ほど準備しないといけなくて。もちろん、それは今も変わりませんが。同じ空間の中でマイクは干渉しないか、ロビーの端と端で、どのくらい音がぶつかるのか、ステージの向きを振ったらどうか等々、さまざまな検証をしました。

結果として、14年、15年の@JAM EXPOは、やりたいことを全部詰め込んだフェスとなりました。

たとえば、パイナップルステージは、隣接するライブハウス「NEW SIDE BEACH!!」を借り、そこを世界向けステージと称して、これまでKAWAII POPに出演してくれたグループや、海外に発信したいグループを並べながら、USTREAM配信をしました。併せて、裏では海外のプロモーターを広く招待し、日本のアイドルシーンについて、B to B向けのセミナーなども開催していました。

一方、4階のサブアリーナでは、前述したアイドル運動会をやってみたり。ここでは「小中学生の部」「高校生・大人の部」の二つに分け、体力測定から綱引き、借り物競走や徒競走まで、いろいろと盛り込んだ本格的な運動会となりました。

余談ですが、とあるグループのメンバーが、リレーの最中にゲームばりにバナナの皮を投げながら走っていたのですが、後続の子がそれを踏んでしまい滑って捻挫するという事件が起きました。楽しませようということだったと思うのですが、やり方をちょっと間違えてしまったようです。

振り返ると、本当にあのときは思いつくままのことをすべてやった気がします。

当時は、テレビ局主催の〝ＴＩＦ〟と、僕らレコード会社主催の〝＠ＪＡＭ〟で、なにかはっきりとした違いを出していこう、というある種使命感のようなものが強くありました。ＴＩＦにないものを＠ＪＡＭでつくる、結構裏ではいつも、そんなことを考えていた気がしますし、意識してやっていました。

でも、フェスにおいての採算のとり方がわからなかったです。一体どうやったらこれで収支がとれるのかと。価格設定含め、知恵を出し合うパートナーもいなかったので本当に探り探りでした。

このときは初めてフェスということでいわゆる協賛とか、サポートしてくれる企業さんも少なかったので、２０１４年は昼夜関係なく少ないスタッフと孤軍奮闘でやっていた覚えがあります。

それは今でも大きくは変わらないのですが、それでも全体の様子が見えてきているので、誰かに任せられるコトとか、自分でやらなくてはいけないモノというのがわかるようになりました。

当時、自身がやっているなかで一番大変だったものは、タイムテーブルの作成です。いくつもステージがある中で、出演者に基本2ステージをおわたししていたのですが、バタバタの中でつくっていたので、できたものを確認すると、3ステージになっていたり、逆に1ステージしかなかったり。それでも「このグループからこのグループへの流れ、はどうだ！」なんて、出演者の特徴と会場の雰囲気を思い浮かべながら、いくつもパターンをつくってみたりしてたので、とにかく細かい作業に時間をかけながらコツコツやっていました。

@JAMのケータリングに関してはよく話題になりますが、差別化のきっかけとしては当時、出演者の立場からすると多くの対バンイベントに出る中、今日なんのイベントに出ているかよくわからないのでは？と思ったのが始まりですね。今では、ようやく「@JAMに出たい」っていわれるようになりましたけど、@JAMを始めたころはきっとどういうものかわからなかったはずなんです。似たようなイベントがたくさんある中で、何のイベントに出ているかもわからないということは、別のところで特性を出さないといけない。そのためには、わかりやすくバックヤードを他と変えてみよう、と。

チョコフォンデュや、お洒落なサンドウィッチ、フルーツ盛り合わせなど、美味しそうでカワイイものを取り揃え、これが置いてあるから＠ＪＡＭだね、という認識をもってもらうようにしました。結果、今ではライブの印象よりケータリングのことばかりが話題に出るようになってしまっていますが（笑）。

限定ユニットの誕生

＠ＪＡＭの限定ユニットはＥＸＰＯが始まりでした。通常のイベントの場合、出演者やマネジメントにイベント告知をお願いしているのですが、基本は任意にお願いするものでして。

そこでは告知してくれるグループもいれば、そうでないところもあって。そんな中、２０１４年のＥＸＰＯでは、どうしても自分のフェスをプロモーションするうえで特別な何かがほしいと思ってました。そこに当時懇意にしてくれていたドロシーチームが協力してくれることとなり、結果「期間限定ユニットつくりましょう！」となったのです。早速、アイデアとして出た寺嶋由芙★26に打診のため、加茂さんのところへ相談しに行きました。そうして寺嶋由芙とドロシーの高橋麻里による「ユフ♬マリ」が誕生しました。

★26 寺嶋由芙
テラシマユフ。ソロアイドル。２０１１年にＢｉＳに新加入も２０１３年に脱退。現在は大好きなゆるキャラに関わる仕事も行いながら、ライブ活動も行っている。

ユニットをつくるからには、楽曲を制作したり衣装をつくったり、またリリースイベントを行うため、プランを用意しながら、忙しい二人のスケジュールと合わせていく。そんな作業を繰り返し行っていたので、それなりに大変さはありました。

期間限定ユニットは攻めの人、プロモーション担当。@JAMをより宣伝していくグループという位置づけで、以降、毎年結成するメンバーに「君たちは将棋でいうと飛車角、とにかく飛び回って@JAMのことを宣伝してほしい！」といっています。その代わりというわけではないけど、自分たちのグループ以外でのカタチでアイドル横丁やTIFにも横断的に出られる。そこで@JAMを広めてくるというグループがいても面白いじゃないか、という感じでやっていました。

逆に言うと、@JAM ALLSTARS、あれは王将的な位置づけのグループ。王将として最後にドーンと構えていて。その日だけしか集まらないスペシャルなメンバーとして、グランドフィナーレに華を添えてください、と伝えているのです。

飛車角と王将、二つのユニットがいるということが、@JAM限定ユニットのテーマなんですよね。さらに言うと、そもそもは24時間テレビ『愛は地球を救う』の裏で@JAM EXPOが始まったので、僕らも最後、フェスの終わりは大団円で思いっきり盛り上がって終わりたいよね、というのがあって。それでサライ的な曲をつくってほしいと、ヒャダインさん[★27]にお願いしたわけです。そこでアイドル版のサライとして「夢の砂〜a theme of @JAM〜」をつくっていただきました。

この曲、実は毎年歌い手が変わるたびに、ヒャダインさんの監修を受けているんですよ。レコーディングしたものをアレンジ含めて聴いてもらい、確認を頂いてから動いています。

@JAMを宣伝してほしいという思いがきっかけでユニットのアイデアが生まれましたが、近年では「ALLSTARSになるのが夢です」や「期間限定ユニットに入りたい！」といってくれるアイドルが増えてきていて、この上なく嬉しい限りです。

この日、このステージはみんなでつくってきたフェスで、最後ここにいてくれるみなさんに御礼がしたい、みんなと一緒になって笑顔で公演を終えたい、という想いがあるのでエンディングやグランドフィナーレを用意しているのですが、今ではそれ以外にオープニングでも開会式のようなことを行っています。

★27 ヒャダイン
前山田健一（マエヤマダ ケンイチ）。音楽プロデューサー、作詞家、作曲家、編曲家、タレント、マルチクリエイター。

この10年、@ＪＡＭを続けてきましたが、結構な赤字も出してきました。そこはコンサートをやっている会社なので、常に勝ち負けはあるのですが。

勝った負けたでいうと、たとえば「一度負けたら次はなし、中止！」となれば、もう二度とそのイベントは出来なくなる。定着していくまでは我慢する、そんな理解を示してくれた経営陣ですが、内心穏やかではなかったはずです。

でも最近になって「我慢してやってきて本当によかったな」と声を掛けてもらいました。「やめようと思っていても、しつこくお前がやりたいって言うから、やらせておいたら、ようやく花開いたな」。思いもよらない言葉だったので、それは心から嬉しかったです。

とはいえ、@ＪＡＭ ＥＸＰＯは、一度負けたからもう来年なくなるという気は、14年、15年の時点ではなかったです。まだまだイケると思っていました。

横浜アリーナから幕張メッセへ

２０１４年に初めて@ＪＡＭ ＥＸＰＯをやって負けて、15年にやって負けて。正直、フェスなんてそんなもんかなって半分思いながら、ほかの@ＪＡＭシリーズで利益を補てんしていけばいい、なんとかそこでツーペイすればいいや。ちょっと、そんな気持ちもありました。他のアイドルフェスの状況聞いても、やはり夏フェスなんてそんなものかみたいな。

でも一方では、ロッキン[★28]とかサマソニ[★29]とか、しっかりと勝っているフェスがあることも事実で、何が違うんだろうと思っていたりもしました。

2016年、横浜アリーナが改装するということもあり、そこに代わる会場を探すことになっていたのですが、屋内外含めて相当あたりました。その結果、9月末に幕張メッセで開催することになったのです。ただし会場の建てつけ上、横アリ以上にお金がかかるのは開催前からわかっていたことなので、日々どうやってこれまでに以上に集客するかを考えていました。

そんなとき、ナタリー[★30]さんが2017年に10周年を迎えるのを機に、それ以降ライブ事業をやっていきたいというお話がありました、その前哨戦として@JAMと組めませんかということで、急遽ナタリーといっしょにやっていく話が持ち上がりました。そこで開催したのが@JAM×ナタリーEXPOです。

すごくいいフェスでした。いいフェスというか、EXPOはEXPOだけど、

★28 ロッキン
ロック・イン・ジャパン・フェスティバル。毎年8月に行われる日本最大級の野外フェスティバル。

★29 サマソニ
サマーソニック。毎年8月に東日本と西日本の2箇所で同時開催される都市型ロック・フェスティバル。

★30 ナタリー
ポップカルチャー専門のウェブメディア。

音楽ナタリーとのコラボというコンセプトもあり、スタートのブランディングから違っていました。

そして「アイドルだけじゃなくアーティストもキャスティングしたら面白いよね」ということで進めていきました。

当時16年ごろは、夏の大きなロックフェスにもアイドルが出るようになってきていた時期で。ロックフェスにも多くアイドルを呼ぶみたいなことになってきたので、じゃあアイドルフェスもロックバンド呼んだっていいじゃないか、という想いでやりました。

このときは、THEイナズマ戦隊[★31]、SPYAIRやPOLYSICS[★32]ほか超特急[★33]まで、本当にノージャンルで集まってくれて楽しかったですね。

その一方で音響についても、いろいろと問題がありました。当時の制作チームからは「指向性の良いスピーカーを入れて行うので大丈夫だと思います」との話で進行しました。

しかし、あのようなフェスでは、結局、現場に行って建て込んでみないとわからないことも多い。要はステージをつくってみないと、どのくらい音が干渉するの

★31 THEイナズマ戦隊
ザ・イナズマセンタイ。1997年に活動を開始したロックンロールバンド。アイドルへの楽曲提供も行っている。

★32 POLYSICS
ポリシックス。1997年結成のニュー・ウェーブ・テクノポップ・ロック・バンド。メンバーの変更を行いながら現在も活躍中。

★33 超特急
チョウトッキュウ。スターダストプロモーションに所属する「恵比寿学園男子部」から選抜されたメンバーからなるダンス&ボーカルユニット。

かなど、わからないのです。

だから、みんなあれこれ想像しながら、干渉し難いスピーカーを置いてみたりするわけですが、結局ふたを開けてみたら、あちこちで干渉してしまう。

だけどそれはもう、どうしようもないというか、調整が利かないというか。来年も幕張でやります。となれば当然翌年に出来る対策もあるのですが、初開催はやってみないとわからない、ということがあるので、あのときはなかなか大変でした。

それに、バンドの音圧とカラオケの音圧が全然違うという、問題もありました。

幕張では、いろいろな制約もありました。楽屋がほとんどないため、ストロベリーステージ真裏の暗がりにテントを置いて楽屋としたり、横アリのようなロイヤルボックス的なVIPエリアがなかったため、その代わりにVIPエリアを空港ラウンジ風にして設置したり。あとは、会場内の物理的移動距離がけっこうあったのですが、そこを何十往復もしないとならずで。そのため会場内は僕ひとり自転車で移動していました。実は当時、脊柱管狭窄症という腰の病気を患っていて(その後、手術しました）長く歩くことがままならなかったのです。

またステージでは、ベイビーレイズJAPAN★34（以下ベビレ）でのサイリウム

★34 ベイビーレイズJAPAN
ベイビーレイズジャパン。2012年から2018年まで活動していたアイドルグループ。2015年までは「ベイビーレイズ」として活動を行っていた。

投げ事件がありました。彼女たちの代表曲「夜明けBrand New Days」において、この年に一部の心ないファン（もはやファンではないと思うのですが）が、サイリウムを頭上高く、はたまたステージに投げ込むといったことが横行し、各夏フェスの大きな問題となっていました。@JAMでは絶対に起こさせないと臨んだステージだったのですが、結果何本か飛ぶこととなってしまい、メンバーに悲しい思いをさせてしまいました。

それと忘れてはいけないのは、初めて警察を呼んだことです。初日の入場時、VIP受付で若い子数人が大量のVIPパスをスタッフから強奪して会場内へ走って逃げて行ったのです。被害にあったスタッフもケガを負い、さすがにこれは見過ごせないということで警察を呼び、被害届を出さざるを得ない事態となってしまいました。本当に残念な出来事でした。

この年の@JAM×ナタリーEXPOから、フェス開催が2日間になりました。音響問題や楽屋問題、サイリウム投げや強奪事件まで、多くの反省点や課題もありましたが、全体を通してみるとフェス自体はとても新鮮で楽しいものに出来たのでは、と感じました。

出演者の流れもある意味フェスらしさが出ていたと思うし、バンドとアイドルのコラボなんてことも出来ました。また、ステージも横アリでやっていた、いわゆるオレンジやピーチステージ★35のような本来なら小さなステージでも、満足のいくかたちでしっかりつくり込めたので、そういう意味では、よかったかなと思っています。

満身創痍

2017年は満身創痍の@JAM EXPOでした。

あのときは、@JAMをやっていて気持ち的に一番きつかったです。正直あまり思い出したくないくらい、きつかった。

17年のEXPOは、初開催のとき同様に、またひとりぼっちでやることになって。ナタリーさんが離れ、2日間という状況だけ残り、キャスティングもほぼひとりでやりました。

このとき、何かピースが足りないということを、ものすごく感じていました。14年、15年と負けてきて、16年は上手くすればという可能性の中でナタリーさんと

★35 オレンジやピーチステージ
横浜アリーナで開催される@JAM EXPOで2階のエントランスにつくられているステージ。主にニューフェイスや次世代を担うアイドルが登場するステージ。

組み、本来であれば17年、18年もナタリーさんとやっていきたいと考えていました。

ところが16年は、@JAM EXPO史上、最大級の赤字を出してしまったのです。それをうちとナタリーさんとで折半にしたのですが、僕らはコンサートを仕事にしている身なので、勝ち負けの中で負けて損をしても、変な話、社内的にはそれなりに一定の理解は得られます（もちろん赤字はダメなのですが）。

しかし、ナタリーさん側においては、基本的に、あれだけがんばってきて損をするようなことは、あまりないと思います。そういう意味でいうと相当驚かれたはずです。

そのような経緯もあってか、ナタリーさんとは1年しかごいっしょできませんでした。

結果17年のEXPOは、再び、ひとりで仕込むこととなったわけです。進めるうえでは、2日間開催となったこのフェスの目玉として、ピースがないということは明白でした。

そこでその足りないピースを補うカタチとして〝グループを復活させよう！〟と考えて、進めることにしました。惜しまれて解散したグループや卒業したメンバーをこの日限りで呼び迎えて。

テーマは「コラボと復活」。

なにしろネタがなかったので、自身の中で集大成というか、自分の力でやれるだけのことをとにかくやろう。自分が持っている引き出しを全部使おう。もうこれでEXPOも最後かなって思っていました。これでダメだったら、もう終わりかなと考えながら進めていたので、悔いのないようがんばろうって。このときは、結構そんなテンションでした。

社内からも突き上げはありましたし、「こんなの、なんで続けてんだ」という人もいたので。

この年は、でんぱ組がグループでの活動を休んでいた時期で、EXPOの出演はありませんでした。そんなタイミングだったので、メンバーの古川未鈴に打診をして、彼女を総合司会者として迎えました。

でんぱ組というカードもない、フェスも2日間に広げている。手札も限られていたので、ならばここで復活をテーマにしようと、結果、ドロシーやパティロケ、GALETTe*、を復活させるかたちとなりました。

ほかにも何組か「復活させたいんです」と伝えて動きました。でも結果はダメでした。復活交渉は本当に大変な作業でした。

たとえば、マネジメントを辞めている女の子でもグループとしての復活となると、当然所属していたマネジメントへ確認しないといけない。またレーベルへの許諾も取らないといけなかったり、その他権利関係者への確認も必要だったり。それでも可能性を信じて自身が関わったグループ含め、沢山のアイドルにあたりました。そんな中で一番の目玉として進めてきたドロシーの復活がようやく決定したのは、なんとフェス開催週、5日前の月曜日だったのです。

ドロシーは本当に大好きなグループのひとつで、一時期はライブプロデュースとしても担当していましたが、2015年にメンバーが3人卒業し、その後は大きく方向を変えてしまいました。

これまで良い流れの中、5人で走ってきた仲良しメンバーから3人が卒業するという、ただでさえショッキングな展開となった中野サンプラザの卒業ライブ。そのステージ上で、なんとリーダーと辞めるメンバーが口論となってしまったのです。このことはニュースなどでも大きく取り上げられ、その後は残ったドロシーの

2人と、袂を分かつことになったＫｏｌｍｅ、二つの相容れないグループが生まれてしまいました。

そんなこともあり、メンバー間はもちろん、マネジメント同士もかなり複雑な状況だったのです。

ドロシー復活にあたっては、まずは双方のマネジメントへ打診するところから始まりました。何度も話し合った結果、「本人たちがやるというなら」という返答だったのですが、分断していたメンバーが簡単にやるとはいわない。おそらく実質ＮＯという意味だったと思います。それでもメンバー一人ずつに時間をもらい、ドロシーに対する想いを伝え続けました。

実は15年当時、メンバー卒業のことを内々に聞いたタイミングで5人に会いに仙台へ行き、どうにか考え直せないかと話したこともありました。

あのときは結論が動くことはなかったけど、今回は諦めたくなかった。

5人があれだけ愛と熱量をもって取り組んだ、そして青春のすべてだったはずのドロシーを「あのままで終わらせてはいけない」、「時計の針をもう一度だけ動かしてほしい」という願い、想いだけでした。

そうした中、回答を保留していたメンバーが「橋元さんがそこまでいってくださるのなら……」といってくれたのが、7月29日でした。

忘れもしないその日は、テレビ朝日さんの六本木アイドルフェスティバルと@JAMが初めてコラボする日だったのですが、会える日がこの日だけとなり、テレビ朝日のプロデューサー・前田さんへ事情を話して、すぐさま仙台に向かいました。

前田さんは「それは今日以上に大事なこと、現場は僕らが何とかするのでアイドル界のためにも絶対に復活を成立させてほしい」といってくれました。本当に嬉しかったです。

仙台でメンバーの気持ちを取りつけ、5人がやってくれることになりました。

次に取り掛かったのはビジネスとしての成立。マネジメント同士のこと、レーベルとの権利関係ほか、復活させるために必要な課題解決に向け、すべてのやり取りのあいだに入って動きましたが、さすがに権利や契約関係などは熱量だけではどうにもならない。一進一退を繰り返しながら時間だけが過ぎていく中、何度となく「やっぱり復活は無理なのかもしれない」って諦めかけたこともありました。

それでも「絶対に実現させましょう」という双方の現場スタッフの皆さんに背

中を押されながら、メンバー同士の再会の場をセッティングしたり、セットリストを決めてレッスンを始めたりと、実現に向けた準備だけは続けていました。

また、このころはすでにタイムテーブルも発表していて、復活が叶わなかった際にはほかのステージからの調整もしなければならず、各所に相談しながらダブルスタンバイで準備を進めていました。

ようやく最終決定が出た8月21日。この日も渋谷のスタジオでドロシーのメンバーとリハーサルを行っていました。ただ、僕はギリギリまでずっと外で彼女たちの出演に向けた調整の電話に追われていて、16時にどうにかやっとOKを貰うことが出来ました。確か、そのあと最速で17時ごろには発表したと思います。

粘って粘って粘り抜いて、そして努力と熱量をもって向き合い勝ち取った結果でした。

通常、各出演者のステージは1組30分でお願いしていましたが、このときのドロシーには1時間わたしました。そして、ドロシーのパフォーマンスが始まるときにはたくさんのアイドルたちがステージを観に集まってくれていて。あの時のライブは一生忘れないし、本当に嬉しかったです。

ドロシーのメンバーたちもいっていましたが「後にも先にもこの@JAMが最後、もう復活はない。だからこのステージが過去最高のものになるようがんばります！」と。2年ぶりに集まって単にやりました、ではなく、当時以上のパフォーマンスを目指してくれた5人だったのです。

あの復活は僕でなければ絶対に出来なかった自負があるし、メンバー一人ひとり、そして関係の方々ともしっかり向き合って実現できた結果でもあると思っています。

だからこそ感慨無量だったたし、これで出来ることはすべてやった、といい切れます。これで負けたら、もうしょうがないって思ったけど、結果この年も収支的には勝てませんでした。

勝ちにこだわって

14年から連続4年、負け続けているのです。普通であればもうないです。規模でいうと、16年の幕張が約2000万円の赤字、それ以外の横アリがアベレージで、だいたい毎年1000万円くらいの赤字。大負けです。大型フェスであれば、決してなくはない数字かもしれませんが、その前にいいかげん学習しろよって話ですよね。お前、いくらなんでもそんなに毎年負けていいわけないだろう、という内容でした。

そんな中、17年のＥＸＰＯも終わり、経営陣に「来年は無し」といわれていたら、当然ながら翌年は開催できなかったわけです。僕としても半ば諦めていました。ところが社長からは、２０１８年も開催していい〝ＧＯ！〟を出して頂けたのです。

かなりの驚きでした。

社長は「毎回１０００万円赤字っていうことはさ、最初から工夫して１０００万円減らしてつくんなさいよ」と。たとえば、3億の事業規模なら、それを最初から2億9千万以下でつくれば黒字になるだろう、と言われて。

「それには当然お前のやりたいことも削らないといけないかもしれないけど、それは整理して考えてみろよ」と言いながらやらせてくれたのです。やっていいよって。その代わり、いろいろなことを考えながらリスクヘッジしてさ、といわれて。

可能性を感じてくれて、やらせてくれるということがすごくうれしかったです。

当たり前のことですが、門澤さんがＴＩＦから離れて、僕が14年からＥＸＰＯ

をやることになって、結局ＴＩＦは継続することになりましたが。双璧となるフェスを目指して＠ＪＡＭをやってきたという中で、本当にやりたいことをしっかりやっていくことが僕にとっての正義だと思っていました。

正直どちらかというと、ビジネスというよりも、シーンに対しての使命感の方が強くやってきた。がんばっているグループがいるのなら1グループでも多く出演させたいし、多くのステージを用意してあげたい。そのためにかかる楽屋代や出演者経費だって、そんなの仕方がないでしょう、みたいにやってきました。でも当たり前のことですが、そこはやっぱりビジネスですから。勝ちにいかないと継続できないし、勝負していかないといけないのです。

それで18年は、とにかく勝ちにいくという思いから自身の中では「勝ちにこだわる」がテーマとなりました。

そう、２０１８年は、自身にとって大改革でした。＠ＪＡＭ ＥＸＰＯの完全なる見直しです。

まずは削れる経費は削ろう。そして、外せるものは外そう。でスタートしました。それまで使っていたパイナップルステージをやめ、ロビーのグレープステージも減らし、トークステージのために借りていたライブハウスもキャンセルしました。そういった経費を削って、でもその分、出演者数が減ってしまうことのないよう、基本2日間出演していた仕組みを、それぞれ1日にすることで出演者数をなんとか確保しました。

とにかく掛かる支出を出来るだけ削りました。あとは、@JAMというイベントのブランディング。しっかりイベントをセールスしていこう、黒字か赤字か関係なく、盛り上がっていることだけは間違いないので。この盛り上がっているイベントを、利用して頂ける企業さんに積極的にセールスしていこうと動きました。

この時期くらいからです、パートナーシップとして自信を持って@JAMを売り込んだのは。「さまざまなシリーズを通してアイドルのシーンを盛り上げているという自負があるので、是非ともいっしょにパートナーとしてやりませんか?」ということを伝えていきながら、資金調達を行いました。2017年にひとりでやれる限界が見えたので、2018年はとにかく企業パートナーやメディアパートナーがほしい、と関係者にいって回りました。

実は、地上波メディアとして2014年のEXPOではテレビ朝日さんに協力頂いたのですが、単発となっていまい、その後の継続はなかった。フジテレビさんとはすでに一緒にやるフェスもあり、もちろん白分たちでTIFをやっているので。そこで、この@JAM EXPOというフェスをいっしょにやりませんかと、今度は日本テレビさんに持っていったのです。

するとイベント事業部の藤井さんが、「存じてましたよ、@JAM。いいですね、やりましょうよ！」と言ってくれて、その後すぐに会社へ掛け合ってくれてOKを取りつけてくれました。本当に嬉しかった。17年のときには孤独を噛みしめながら進めていたことを考えると、こんなに強力なパートナーを得たことは、@JAMの自信にもつながりました。

そして2011年、J-POPフェス「MUSIC FOR ALL, ALL FOR ONE」で4年間、共にやってきたレコチョクさんにも話を持っていくと「橋元さんのやるフェスでしたら」と、柴崎さんからふたつ返事でOKいただけて。キョードー東京さんも普段から僕らといっしょにやっているチームなので、「そういうことなら、是非うちもいっしょにやりますよ」と加わってくれました。

知恵と力を借りながら、リスクヘッジもできる。そんなパートナーを得て、現在のカタチになりました。僕の弱かったところを、圧倒的な力でカバーしてもらいながら、戦略的に勝ちにいくということを、この年はやっていったのです。

特にうれしかったのは、日本テレビの藤井さんが「我々はこれから@JAMといっしょにやっていくけれど、関わるからには更に上を目指して@JAMをナンバーワンのフェスにしていけるよう、出来ることは全力でやります」といってくれたことです。

この流れは19年、20年と引き継がれています。ちなみに、18年のEXPOは支出を見直したこともあり、約1500万円の利益が出ました。さらに19年では動員も大きく増えて2000万円程度となりました。ただ、委員会としてやっているので、そこから分配もあり、うちの会社の利益としてはそのままの数字ではないですが。それでも取り返せるほどになってきたのは大きいです。

結果、2018年に勝ちにこだわる大改革をし、そのとおり勝てました。でも、大事なことは、17年までやってきたことが無駄ではなかったということです。

14年から17年まで続けてきたことは、ちゃんと評価されていた、ということがうれしくて。それまで興行としては赤字だったけど、パートナーになってくれた会社にも、フェスを評価してもらえていたことが。そもそも製作委員会の皆さん、これまでの事業収支を見せているので4年間赤字続きだって知っているのです。それでも芽があると思って乗ってくれたのです。普通赤字続きだったら、付き合わないです。

併せて、@JAM EXPOは、フェスとしてきちんと成熟していたことと、このフェスにだったらお金を出してもいいよ、という協賛企業が多く現れたということも、これまでやってきたことは間違ってはなかった、と再確認できました。

それは今、僕にとって大きな自信となっています。自信を持ってこのフェスを紹介できるし、企業にだって提案できる。誇りに思えるフェスになりました。

想いとストーリー

18年のEXPOでは、寂しくもうれしい出来事がありました。

この年は、アイドルグループの解散が多い年でした。Cheeky ParadeやGEM[★36]、チャオ ベッラ チンクエッティやアイドルネッサンス、たくさんの仲間たちの解散発表がありました。その中には、これまで@JAMファミリーとして

★36 GEM
ジェム。2012年から2018年まで活動していたアイドルグループ。

多くのイベントで力を貸してくれたPASSPO☆[★37]、そしてベイビーレイズJAPANの名前もあり、それぞれ9月に解散を控えている状態でした。

特にベビレにおいては、12年夏にライブ制作をした「ウルトラパンチLIVE」で初めてごいっしょして以降、多くのシリーズに参加してもらっただけではなく、14年のEXPOでは日本武道館公演実現のため、署名ブースの協力をしたりと、デビュー以来、何かとご縁あるグループでしたが、16年のEXPOでのサイリウム事件以降、「夜明けBrand New Days」を封印させてしまったままだったのです。

ところが、彼女たちが解散するこの年、@JAM香港で「夜明け」を解禁、披露してくれたのです。くしくも、@JAMから封印することになったこの曲を、@JAMで解禁してくれたこと。このストーリーは本当にうれしかったし、メンバーをはじめ、ベビレ運営チームの愛を感じました。

でも、実はこれにはオチもあって。この日の「夜明け」歌唱中、1本のサイリウムが会場内に高々と飛んだのです。ものすごい緊張感の中、すぐに警備が飛んでいき、投げたファンを取り押さえたのです。その人は香港の方で、今回のイベント

★37 PASSPO☆
パスポ。2009年から2018年まで活動していたアイドルグループ。結成当初は「ぱすぽ☆」として活動を行っていたが、2013年から「PASSPO☆」に改名。当時キャビンアテンダント風の世界観が人気を呼んだ。

のために初めて観るベビレをＹｏｕＴｕｂｅで研究して来たとのことでした。だから「夜明け」でサイリウムを飛ばすのは、この曲のマナーだと思っていましたと。そう言いながら、ひたすら謝っていました。

すぐにベビレメンバーにも状況を伝えたところ、「それは仕方ないっすね、誰も悪くない！」「むしろ勉強して参加してくれたのはうれしいことです」といってくれたことを今でも覚えています。

そして、その年のＥＸＰＯを自身たちの解散ライブ前、最後のステージに選んでくれて「夜明け」も披露してくれました。

僕たちの力不足から取り上げてしまった大切な楽曲を、最後は僕たちのステージに置いていってくれた。こんなエモーショナルなことってある？っていうくらい感無量でした。この日のバックヤードでは、ベビレとの挨拶で人目も憚らず号泣してしまいました。

最後まで本当に素敵なグループでした。

バンドもアイドルも同じ

僕がソニーミュージックに入社して関わってきたのは、最初はどちらかというとデザイン畑からアーティストを支える仕事でした。それがあるときから、ライブ事業に携わり、そこでヲタク文化に出会い、それはもう僕にとっては未知の世界だらけでした。でも、今もこうして携わらせてもらい続けているというのは、やっぱりアイドルというジャンルが好きだからなんだと思います。

そして詰まるところ、結局どのジャンルもいっしょなんだなと。たとえば、ロックバンドのファンはロックキッズがいたり、メンバーのルックスで応援している女の子もいたり。

初期はインディーズロックバンドが好きな女の子から始まって、そこからヒットが生まれ、すると一般の人に認知され、たとえば、アニメのタイアップが取れると、子供が聴くようになり、その子供の親御さんも「あれ、カッコイイじゃない」となります。

そうやって、どんどん広がっていく感じと同じで、アイドルも持っている楽曲に対してのファンもいれば、ルックスで追いかけているファンもいる。そこは多様ですが、やっていることはロックもアイドルも同じというか、多くのアイドルは曲を書かず、楽器も持っていない。けれど、それ以上に歌ってパフォーマンスをする。それをひとつの立派なジャンルとして僕自身がきちんと認知し、リスペクトしたということなのだと感じています。

それとアイドルは、その成長を見てもらうというのも、ひとつの重要な売りやテーマになっていたりするのだと思います。プロデューサーという立場からみても、最初は下手くそな歌だって、歌い続けていくことでちゃんと上手くなっていく。そういうことをしっかり伝えていくことが大事、下手でもいいからがんばって走り続けていくことこそが必要なのだと思います。

そして、その過程もきちんと見えることこそが、ファンにとっても大切なのではと、個人的には思っています。

特別対談：嶺脇育夫（タワーレコード株式会社　代表取締役社長）×橋元恵一

ライブアイドルの今後と業界の果たす役割

MUSIC@NOTE

橋元 『MUSIC@NOTE』★1 いつもありがとうございます。

嶺脇 こちらこそ、ありがとうございます。

『MUSIC@NOTE』は『T-Palette』★2 とレーベルのカラーが違うので面白いですね。『T-Palette』は、Negicco★3 とかバニラビーンズ★4 で元々は始まったところなのですが、やっぱり年齢層が『T-Palette』の方が若干高いんですよね。どちらかというと落ち着いた感じの楽曲が多いかな。時代と共に10年近くやっているので、そんな風に感じるのかもしれませんけどね。

橋元 そもそも『T-Palette』は、嶺脇さんがどういう選球眼で、ごいっしょしようっていう人たちを決めていったのですか。

嶺脇 元々うちのスタッフがアイドルのレーベルをやりたいと。僕は、アイドルレーベルは大変だからやめた方がいいんじゃない、といっていたのですけど、「しいて挙げるとすれば、どういったグループを社長だったらやりたいですか」と聞かれた

★1 MUSIC@NOTE
@JAMとタワーレコードによるコラボレーションレーベル。

★2 T-Palette
タワーレコードのアイドル専門のレコードレーベル。

★3 Negicco
ネギッコ。2003年に新潟を拠点として活動を開始した3人組のアイドルグループ。すでにメンバーは結婚をしているが、現在もグループとしての活動は続いている。

★4 バニラビーンズ
2007年から2018年まで活動を行っていた2人組のアイドルユニット。ファッショナブルでアーティスト性の高いグループ。

ときにNegiccoって答えたんですね。

それはなぜかというと、当時Negiccoは、イベントでCD－Rを手売り[★5]だけしていたんですよ。こんなに曲がよくて、もっと広がる可能性があるグループなのに手売りしかできていないっていうのはもったいないなあと。それをお手伝いしてあげたいなって思えるグループだったんですね。

そこでまずNegiccoに声をかけました。するとその後にマネジメント会社からもお話があって、バニラビーンズもやらせていただくことになりました。

どちらも、Perfume[★6]のファンの人たちから支持されるグループだったので、その2グループでうちのカラーがなんとなくですが決まったかな、という感じはします。

で、そこから始まって、当時アイドル専門レーベルってなかったので、非常に注目していただいて、なぜか僕が前に出るようになっちゃって。

社長がアイドル好きだっていう方が面白い、出た方がいいです、とスタッフに説得されて。出たばっかりに、こうなってしまっていますが。当時ローカルアイドルさんって、なかなか注目されない時代だったので、もうちょっとフォーカスして

★5 CD－Rを手売り
音源をパソコンなどでCD－Rに焼き、それをイベントの物販などで直接対面販売を行う。ファンの中には手作り感があって喜ぶ人もいる。

★6 Perfume
パフューム。日本を代表するテクノポップアーティスト。元は広島で活動していたアイドルグループでその下積みは長かったという話。

あげてほしいなって思って、福岡のLinQさんとか、名古屋のしず風&絆さんとかそういうグループを意識的にやっていましたね。

橋元 そうですよね。地方勢と積極的に進められていたという印象があります。

嶺脇 その後、アップアップガールズ（仮）も、どこにも所属していないでやっていたので、山田さんと話しをしてアップアップガールズ（仮）をやることになりました。それで、今に至る感じですかね。

橋元 『MUSIC@NOTE』は、それこそ御社の吉野君から「いっしょにやりませんか？」と話をもらって。契約したいグループも、ひとまずそちらで好きなように考えろ、みたいな話だったので、現在いるグループを推薦させてもらいました。インディーズレーベルならではの動きをしたかったので、これから大きく伸びていきそうなグループといっしょに取り組みたい、みたいなことで、クマリデパート[★7]やCROWN POP[★8]もそうですし、面白そうなところをピックアップして。音楽的にもどこかのジャンルに絞らず、バラエティーに富むように幅広くしました。

嶺脇 そうですね。それは感じます。

橋元 集めるまでは僕の仕事で、そこから売るのが。

★7 クマリデパート
2016年結成の「完全王道アイドル」。アイドルらしさを追求しながら現在着実にファンを増やしてきている。

★8 CROWN POP
クラウンポップ。スターダストプロモーション所属。2015年から活動を始め、2020年に現在の5人体制として活動を続けている。

嶺脇　僕らの仕事なので（笑）。

橋元　なんですけど、すごくやっぱり評判がよくて、吉野君たちのチームがしっかり見ているというか、それがいいカタチになっているというか。

嶺脇　今『ＭＵＳＩＣ＠ＮＯＴＥ』でやらせていただいてるＤｅｖｉｌ ＡＮＴＨＥＭ.[★9]（以下デビアン）は、以前は、うちのユースソースレコードでやらせて頂いていたんです。残念ながらそのレーベル自体長続きしませんでした。

それで、僕も表に出てやっていて思うのは、今回は橋元さんがチョイスしてくれるということで、やっぱり顔の見える人が、きちんとこれをやっていますよ、というのが伝わると、アイドルさんや運営さんも含めてわかりやすいし、橋元さんがプロデューサーでもあるし、ライブエグザムさんもバックアップしていただけるとのことだったので、安心感がありましたね。

実際『ＭＵＳＩＣ＠ＮＯＴＥ』の運営をスタートさせると、次々に、あれこれやってみたい新しいアイデアを頂けるので、非常にやりやすいというか、しっくりきている感じがあります。

橋元　全グループともに作品ごとのショット[★10]で、契約の縛りはしません、というと

★9 Devil ANTHEM.
デビルアンセム。2014年結成のアイドルグループ。略称は「デビアン」。

★10 ショット
レコード会社とアーティストのCD1枚分の単発契約。

ころから会話が始まっていくんです。でも、きちんと今後のプランニングはさせてください、という話に対して、マネジメントのみなさんが快く乗ってくれている感じが、とっても良い流れになっていますね。

嶺脇　デビアンも、うちで前にやっていたときより売れてます。数字に差が出てるなって思います（笑）。

橋元　それはグループ自体の力ですよ（笑）。デビアンは今回、マネジメントより「是非ごいっしょしましょう！」という話をいただいて。だけど、そこで「ショットといいながら、ショットはちょっと嫌なんです」そして「もちろん全力でショットやるけれどショットでこの秋だけって感じだと、ちょっと乗っかりづらいです」って正直な話をしたんです。

あくまでショットなんですけど、続いていくショットであってほしい、みたいな話をしたら、「わかりました。それも踏まえてです」っておっしゃって頂いたので。

嶺脇　ありがたいですね。

橋元　そうですね。そこはショットといいながらの、長い信頼関係というのがありますものね。『MUSIC@NOTE』として事業のお話を頂いたとき、そもそも僕はソニーミュージックの社員で自社グループにレーベルがある中、そのうえで「一緒にレーベルやりませんか？」というのは会社としてどうなんだろう、出来るのかな、って正直あったんです。でも、うちの上司に相談したら、「それは快く受けてやれば良いよ」といってもらえたので、やれて良かったというか。もっともっと大きくしていかないといけないわけですが。

嶺脇　いろんなグループが今いますけど、5年前と比べると、自分自身でやる人たちもどんどん増えてきてますね。本当に多様化が進んでいるので、長年やっていると、レーベルに求められることも、年々変わってきているな、という気はします。

単純に、店頭で握手会やイベントをやって、セールス積み上げていく、というだけだと、どうしてもお客様の数で売上げが決まってしまうので、そこから先、プラスアルファっていうのはマネジメントだけでなく、我々も考えていかないと、とは思っています。

音楽配信

橋元　あとはフィジカル★11と配信のバランスもありますしね。

嶺脇　そうですね。ただ、配信だけではまだ、ビジネスとして収益を上げづらいという部分はあります。パッケージの方がまだ効率がいいんですよね。

たとえば、フィジカルで1万枚売る金額を配信だけで稼ぐとなると、今、アイドルは非常に難しいですよね。

橋元　アイドル界隈において、この5年、10年で、じゃあ配信の需要が増えたかっていうと、そうでもないですよね。

嶺脇　そうでもないですね。うちはレコチョクさんとも〝Ｅｇｇｓ〟というインディーズのタワークラウドというアグリゲイト★12を今年から始めました。そこで、いろんな楽曲集めていますけど、スタッフはアイドルも増やしたいっていいますが、集めたいのはインディーズのアイドルさんの楽曲なんです。でもなかなか難しいですね。

★11 フィジカル
デジタル（データ配信）に対してフィジカル（CD、レコードなど）という実物があるメディアのことを指していう。

★12 アグリゲイト
アグリゲイトとは集約する、まとめて一本化するという意味があり、この場合、タワークラウドが集めた楽曲を一括して各配信ストアに販売を行うことを始めました。ということになる。

インディーズアイドルの中には、まだ配信というところに目を向けていない人たちも多いと思います。

橋元　そこでのマネタイズが、あまりイメージできていないですよね。イメージしにくいというか。〝Ｅｇｇｓ〟に曲を渡して送り込んだところで、そこからのリターンの仕方がわからないというか、となっている気がします。

嶺脇　登録して頂いて、単純にアグリゲイターなので、Ａｐｐｌｅさんなどに卸す感じで、それでリターンがあったときに、再生回数でお戻しするっていうビジネスなんですが。

橋元　リターンがないというのは、再生されてないってことですかね。

嶺脇　たぶんそういうことなのでしょう。ただ〝Ｅｇｇｓ〟の場合、Ａｐｐｌｅさんの中にオフィシャルのプレイリストを持っているんです。オフィシャルのプレイリストって、実はなかなかつくれないのですが、Ａｐｐｌｅさんがオフィシャルとして認めているプレイリストを〝Ｅｇｇｓ〟としてつくっていて、そこの中にアイドルプレイリストを提供させてもらっています。それに入ると再生回数が一気に上がるんです。その作業を〝Ｅｇｇｓ〟でやっているスタッフが、うちからの出向者なので、僕らも彼らが胸を張ってプレイリストに入れたくなるようなクオリティが高い楽曲をつくろうと思ってやってます。

橋元　でも、そういうメリットもあって然るべきですよね。アイドルの場合って特にそうなんですけど、リリースイベントからリリース★13があって、リリース週になって、「リリイベ、3ヶ月間駆け抜けてきました！」みたいな会話になるんですよ。でも、発売した週の日曜日以降、突然売るのやめちゃうじゃないですか。演歌だったらリリースから1年かけて売っていく世界もある中、アイドルのやり方って何だかちょっと違和感あるんです。

嶺脇　そうですね。イベントやめて次行っちゃいますね。

橋元　せっかくつくった楽曲だったりパッケージだったりが、タワレコさんなどを通して、店頭に並んでいたりするならば、もっともっと、それをプロモーションしながら、ずっと長く売ってほしいという想いはあるんですけど、簡単にはいかないですね。

嶺脇　そうですね。カタログとして動く★14というのは少ないですしね。

橋元　それが、カタログとしては動かないけど、せっかくつくった楽曲が、発売後

★13 リリース　レコード、CD、ビデオなどを発売すること。リリースイベントは発売イベント。リリース週は発売週となる。

★14 カタログとして動く　いかにファンの購買意思への作用、購買動機の喚起を高められるかという動き。

1週間で告知されることがなくなったら、そこから先は配信に乗っかって知らない人に広がっていく。そんなことがあるといいな、と思うんですけどね。

嶺脇　今は、配信もやってパッケージも出して。あとYouTubeにMV上げて、という形で、リリースされてからは、YouTubeの方がメインで広がっていっている感じはしますね。

橋元　そうか、そうですね。

嶺脇　ただ、無料なんで。あれをマネタイズするのは、また至難の業です。やっぱりYouTubeにもルールがあるじゃないですか。フォロワー数とか年間再生時間とか。本来であればそこまで考えて計算して、プロモーションを組むべきだと思うんですが。それについてはレーベルとして至らないところもあるし、あとマネジメントと、きちんと足並み揃えて楽曲を聴いてもらう、ということの緻密さが、今まで以上に必要になるのだろうとは思いますね。

橋元　そうですよね。おっしゃる通りですよね。楽曲を作って出す、ということに対しての答え合わせが、今はリリースイベントにしかなくなってしまっていることが、もうちょっとおっしゃるように緻密になれば。

嶺脇　そうですね。どういう順番で、楽曲を届けるかなど。僕らも反省しなければいけないんですけど、特にコロナ期になってからはイベントが出来ない中で、どうリスナーに届けていくかっていうところがさらに重要になってくると思っています。今はまだ試行錯誤している最中で、答えは出ないんですけど。イベントがなくなったら、と思ったんですよ。レーベルとしてイベントがない中で、リリースして、もし売れなかったらと。ではそのときアイドルのパッケージってどうすればいいのかって。なんとか握手会やイベントやサイン会とかで、リクープ[★15]するところまで持っていって、さらに、そこからプラスアルファっていうことを、常々ビジネスとしてやってきましたが、それができなくなるってなったときに、ひとつはやっぱり、ネット上できちんと新しいビジネスモデルを模索し、組み立てておかないと終わってしまうと思うんです。それはもう、マネジメント会社もいっしょだと思うんですけどね。

橋元　実際、コロナ禍においてはCDのセールス自体、アイドルの場合でいいんですけど、店舗売上げは下がっているものですか。それともがんばっているものですか。

★15 リクープ
CDの売り上げがCDの制作にかかった費用を越えるラインのことを指す場合が多い。

嶺脇　下がりましたね。8月からは少しずつ店頭イベントやっているんですけど、感染対策のためお客様を50％くらいしか入れてないので。
　そうすると、売上げは単純に客単価×人数なので、人数が減るということは、そういうことになりますね。そこでタワーとしては、インストアイベントをウエブで配信して、タワーで買ってもらった人だけが見られるっていう仕組みをつくりました。
　いわゆる入場ではなくて、ウエブのアクセスとしてURLを送って、そこにパスワードを入力して入ってください、というかたちでやったものの中では、逆にうちのイベントスペースよりも沢山の人が購入してくれて、というのもありました。ウエブですから、集客人数が無制限になるので、1回あたりのイベントの売上高が倍くらいになったアイドルさんもいますね。
橋元　先日、＠JAM期間限定ユニットのリリースイベントがありまして。そこでは、リリースイベント自体をフィジカルで見てもらえないと、こんなにも盛り上がらないし、買ってもらえないんだなと実感しました。ちょっと、どうしようかっていうくらい、想像と違う数字になってしまって。あれはやっぱり、そこにいる熱量で買う方などが、今までは圧倒的に多かったってことですよね。

冷静に配信を見て、オンラインで買って、オンラインで特典会をやるみたいなことは、一部の方はありなのかと思いますが、ダメな方はダメになるっていうことですよね。想像以上に数字が出なくて。今回ばっかりはちょっと失敗となり、ごめんなさいって感じと共に一般的にもこういう状況なんだなって思いましたね。

一方では、アイドルのマネジメントに伺うと、オンライン特典会のビジネスはとても伸びているとおっしゃっていて。ライブ自体はないものの、今までライブの本数分の特典会の時間でビジネスしていたのが、それこそオンラインで時間的には青天井になっちゃったので配信のビジネスで非常に利益が上がっているっていうところが結構ありました。アイドルって、やっぱりライブが中心だけど、傍らに接触というか特典会もあって、それを含めてアイドルなんだなって。僕らが普段見ているようなアイドルグループっていうのは、そういうところが多いんだろうな、と結論付けていましたけど、今回のCDはそうなっていない感じがして。

嶺脇　そうですね。ネットサイン会で集客できるアイドルさんたちは、伸びているでしょうね。ただ、ネットサイン会もけっこう時間がかかるので。思っていたより数がいかないという話も聞きます。やっぱり握手会の方が効率いいですねとか。

橋元　そうですね。効率は悪いっていっていますね。

嶺脇　ただ、ネットサイン会は場所を選ばないというメリットもあります。その点では、すごくいいとも聞きます。逆に、これは事務所でも出来るということもいえます。実際、事務所で配信しているアイドルも多くいて。となると、これってもうCDさえつくって、ウエブ環境があれば、どこでもネットサイン会は出来るということになりますよね。あとは配送部分だけをどこかに担ってもらえればいいと。そうすると〝お店〟の役割ってなんなのっていうことになってしまいます。

だから、そんな中でうちを選んでくれる、タワーでしか出来ないというものをつくる必要があったんです。そこで、購入者特典としてイベントを無料で見せるということは、今のところ他ではやっていないんですよ。

現在なんとかもっとたくさんできるように、システムをいろいろ改修しています。さらにＪＯ１★16とか男性グループですが、店ではなく外部に出て行ってイベントをやるという取り組みも始めています。彼らもホールで無観客ライブを配信していますが、購入者限定で視聴してもらう仕組みというのがなかったので。レーベルと、

★16　ＪＯ１　ジェイオーワン。2020年デビュー。11人で結成された日本のグローバルボーイズグループ。

うちで、じゃあやりましょうってことになって。

橋元　配信は、本当にこのコロナ禍において、急激にいろんなことやったじゃないですか。そもそもシステムはあったんですか。

嶺脇　なかったです。ない中で急いでつくりました。ネットサイン会はうちでもやっていたので、それは利用させてもらいました。ただ、ライブ配信して、その購入者だけが見られるよう限定にするっていうのは、お金を払えばできることなんです。

でも、なるべく安価にやりたかったので、結構時間はかかりましたね。どこと組んでやるのかとか。たまたまドコモさんの出資会社で電子チケットをやっている会社があったので、そことお話しさせて頂いて、あともう1プラットフォームとして一社さんと組み合わせてどうにかスキームをつくったという感じですね。

橋元　リアルライブと配信ライブみたいなものは、絶対ハイブリッドで両方向動いていくのかなって気がしています。これまで我々も配信といえばニコ生さんみたいなところがあったと思うんです。19年まではニコ生があれば充分と思っていたので。でも、コロナ禍においては本当に多くのプラットフォーム★17が出来ましたよね。

＠ＪＡＭで先日、オンラインフェスやったときに、ぴあ、イープラス、楽天、

★17　プラットフォーム
動画配信におけるプラットフォームとは、ユーザーが作成したコンテンツを不特定多数のユーザーが視聴できるように配信できるシステムのことを指す。

サムバ★18というコロムビアさんで始まったものとか、出来るプラットフォームは全部使ってやりました。でも、そこで単に増やせばいいってことじゃない、ということがよくわかりました。買いたいプラットフォームで見てもらおうよ、と思ったのですが、正直こちらの負担も大きくて。

結局1対1だったらスイッチングの映像をそのまま、じゃあ、楽天さんお願いします、でわたしてしまえばいいんですが。そこにプラットフォームが並ぶと、そこで管理する会社をひとつ噛ませて管理してもらわないといけなくなるので、そのあたりが結構大変でしたね。

各プラットフォームに回線工事が入ったので、かえってお金がかかってしまいました。僕はプロデューサーって立場で指示を出すだけなので、その後に作業する方たちがみんなそれで困って大変な思いをしていたみたいです（汗）。配信ライブは本当に手探りでやっていますね。

★18 サムバ
ビデオ通話をしながらライブが楽しめる有料ライブ配信サービス。

コロナ禍では

嶺脇　いずれ、お客様も店頭に戻ってくるとは思いますが、それがいつなのかっていうのはまだわからないし。現段階ではどのイベントでもお客様はキャパシティの50％くらいまでしか入れてないですよね。

橋元　半分まではいわれましたけど（20年10月現在）、ことライブハウスにおいては、やっぱり1〜2メートルのソーシャルディスタンスとかを考えると、とてもじゃないけど、半分っていうわけにはいかないので、50％といわれても実際4分の1くらいじゃないかなと思います。２０００キャパのＺｅｐｐでも、椅子を置いて1席あけていくと結局５００席になっちゃう。

嶺脇　うちの地下でも、通常なら３００名以上入るところが、約50名ですからね。それ以外に、入場する際、お名前や連絡先を登録してもらったり検温したり、それらすべてにスタッフが必要になりますから余計に人件費がかかってくるんですよ。時間も手間もかかるという点では、今のやり方だとコストがかかりますね。

橋元　これ、いつ解決しますかね。

嶺脇　わからないですね。ただ、以前のようにはもう戻らないんじゃないかな、という気もするんです。

握手会って抵抗感ある人、もういると思うんですよね。じゃあワクチン開発されました。もうインフルエンザと同じような薬があります、という状況になったからといって、以前と同じように握手会できますかね。来る人は来ると思いますが、今回のコロナでちょっと抵抗感持った人たちは来るのかなっていう思いはありますね。

そうなってセールスに影響することもあるとなると、本当にさっきのハイブリッドのようなもので、両方がｗｉｎｗｉｎになり、さらには地方にいる人でも楽しめるような、そんな仕組みを考えないといけないと思うんです。もっと安価にして実際に来る人と配信のバランスが、すごくいいかたちになればいいのかなとは思っているんですけどね。

橋元　そうですね。ライブも特典会も同じことですからね。元に戻らないというのはちょっとショックですけど。

嶺脇　元に戻らないってなると考えちゃいますね、僕は会社やっているから。もし戻らなかったとき、会社どうすんだって話が常に付きまとうので。やっぱり実際に今、渋谷、新宿、池袋、秋葉原と、イベントをよくやっていたお店が、やっぱりお客様はまだ戻ってないんです。

でも地方は逆に、お客様が戻りつつあって。イベントやってないようなお店は売上げが対前年に達しているくらいなんですね。逆にターミナル、駅近の店舗など大都市圏が厳しい。タワーレコードはここ数年〝モノ消費〟から〝コト消費〟ということで、山のようにインストアイベントをやってきていましたが、もしこのままお客様が戻ってこなければ、店頭のありよう自体を考え直さなきゃいけないと思いますね。経営者としては、先に先にバッドシナリオを考えておく必要を痛感しています。

橋元　イベントも収支を考えると、採算を取っていかないといけないので、チケット代にどこまで反映させるか、というところまで考えちゃいますよね。

嶺脇　たぶん、リアルライブのチケット代は上がっていくんじゃないかと思っています。だからこそ逆に握手会やインストアイベントがプレミアムなものになるんじゃないかという気もしていて、今まで普通にやれていたことが、出来ないという点で。

そこのニーズと供給のバランスが崩れて、売り手側が絞られるので、リアルの価値が上がっていくのかなという気はしますね。リアルな接触が怖いっていう反面、逆説的にリアルの価値が出てくるのではないかと。そんなことを思いながら、今後どうしようかなとか、より価値のあるサービスとは何かということを日々考えています。

橋元　LIQUIDROOMで10月末に@JAM the Fieldがあったんですけど、通常だと14時から20時くらいの時間帯で、12組ほどのグループが、30分ずつライブをやっていくんです。今回換気問題ほかのこともあって、会場は200人限定で4組ずつ2回に分けたんですね。それで、チケット代はこれまで5000円で、「@JAMは高い」って散々いわれてきたのですけど、今回は高いかなぁと思いながら6000円にしました。だけど1部、2部とも数十分で完売しました。やっぱりリアルライブを求めているんですね。

嶺脇　みなさんやっぱり求めていると思います。

熱量をどう上げていくか

嶺脇　コロナが収束しても、たぶん、今までとやっていることは変わらない気はしますね。いつのタイミングで昔に戻るか、または戻らないかわからないですけど。アイドルに限らずですが、やっぱり音楽を表現する、売っていくという場としてCDショップは必要なんだと思っています。それには最大限に応えたいなと思うし、コロナの対策をしっかりした上で、全店とはいいませんが、さっきいったハイブリッドでウエブも使いリアルもあったりっていうことをなんとか日常的にやれる環境を、特に大型店では早めにつくっていかないと、と思っています。

インフラ部分も含めて整備して、なんとかアイドル運営さんやお客様から選ばれるショップになりたいな、と思っています。役割としては、アイドルに限らず、音楽に〝出会える場〟をなくさないようにしたいなと。

それには常に一番敷居を低くしておくことも大切だなと思います。いろんな人が何かあったときに気軽に行ける場所。たとえCDを買わなくても見られるじゃないですか。そういう場はアイドルさんにとっても絶対にあった方がいいと思うんですよね。そういうところから火がついたグループもたくさんいますからね。

橋元 何か原点というか。直接見て購買動機につながって、そこからファンになって。みたいなことって、なくなっちゃうと寂しいですよね。

嶺脇 目の前で沢山CDを買って、並んでいる風景とか。階段に並んでいる風景とか握手している風景とか。リアルに見えていること。配信だとそこが見えてこないので、何が流行っていて何が売れていて、というのがわかりにくいですよね。情報だけだと、なんか寂しいなって気がしますね。

橋元 実体験がないから。なんか他人事というか、ピンとこないというか。イベントもそうですよね。観てもらって初めて成立するような気がするので。少し話は違うかもですが、以前、嶺脇さんがやっていらっしゃったPOP'nアイドル★19もそうだったと思うのですけど。今、このグループ観ておいた方がいいよっていうか、そういうグループを集めて、それが一堂に会するところで皆が時間を共有することがひとつの醍醐味というか、楽しさだったと思うんですよね。

そこで新たに推せるグループを見つける楽しさとか、あそこには集約されてい

★19 POP'nアイドル
タワーレコード主催のアイドルイベント。初開催は2012年2月28日。会場はZepp Tokyo。各出演者のステージ時間も30分以上とファンに好評のアイドルイベント。

たと思うんですよ。だけど今って、そういうオムニバスのイベント、僕らずっとやらせてもらっていますけど、見つける、ということを通り越してしまっている気がしますね。見つけることは自分で勝手に見つけるので、そこはあまり求めてません、というような雰囲気になっている気がしていて。

ひと昔前のアイドル戦国時代といわれていたころは、本当に、今きているグループはこの人たちですって、僕らが提案していくみたいなところがありました。でも今は、お客さんが望んでいるものを、僕らが察して用意していくというか、ちょっとスタイルが変わってきているようで。でも、なくなると困ってしまうはずなので、その矛盾をどうしていこうかと考えているところです。

嶺脇　僕もTパレ感謝祭っていう自社レーベルのアイドルが一堂に会するイベントを、何年もやっていたんですけど、やめたんですよ。そのやめた理由は、毎回、あれ僕と吉田豪[20]さんが司会進行やっていて、最初の3年、4年くらいは、きちんとファン同士が入れ替わってファンじゃない人も後ろで見てくれてたんですよね。ステージから見ていてもわかるくらい整然と。次、アプガですっていうと、アプガのファンが前に来て、Negiccoのファンが後ろに行くみたいな。

★20 吉田豪
ヨシダゴウ。プロ書評家、プロインタビュアー、ライター。雑誌や書籍はもちろん、ラジオやネットなど幅広く活動を行っている。

それがきれいに統制されていたんですけど、いつからか、朝から最前取って動かない人たちが出てきて、しかも全然盛り上がっていないんですよ。僕らがしゃべっていても早く終われ、みたいな感じで。いろいろ知ってほしくてやっていることが求められていないんだなと、ちょっと思いましたよね。

ニーズに合わないやり方なのかなって思って、やめました。だからさっきいったように、本当に見たいものをどう揃えるか、ということの方に変わってきて、目的のアイドルしか興味がないっていうお客様が、すごく増えたなって。何でも見てやろうというのではなくて。

僕は、こうやってすぐやめちゃったんですけど、@ＪＡＭさんとかＴＩＦさんとか、なくならないでほしいなと思いますね。出たい人いっぱいいるわけだから。@ＪＡＭやＴＩＦは野球でいう甲子園みたいなもので、そういう憧れのステージがなくなってしまうと、やっぱりアイドルのモチベーションにも関わってくるし、ＴＩＦも出られるし@ＪＡＭも出たっていう、この勲章をね、出たいって思っている子たちはいっぱいいると思うので、なんとかこのコロナ禍を乗り切っていただきたいと思っています。

橋元　本当に、２０２０年はやめた方がいいんじゃないかと悩みました。５月の終わりに緊急事態宣言が解除されて、横浜アリーナさんが6月まで結論を待ってくれることになり、もしかしたら＠ＪＡＭ ＥＸＰＯやれるんじゃないか、となったんですよ。

でも結局あらゆる方向で考えましたが、やっぱりお客さんが密になるような会場レイアウトでは出来ないとなって。でも、そもそも声がけしていた１００組超のアイドルがいたので、「これは絶対何かでやろう」って思って、当時ゆかりのあるライブハウスへ片っ端から連絡して。それで今回開催しました。終わってみれば、やることに意義があったなっていうのを今年は特に思いましたね。いろいろなイベントが中止になったり、はたまた地下では自粛要請に関係なくイベントをやっていたりと、アイドル業界も混沌とした中で、＠ＪＡＭはオンラインでというのは賛否もありましたけど、結果開催出来て、みなさんのモチベーションにつながったようで、それはちょっと嬉しかったですね。

嶺脇　目に見えてあるものが消えると、「終わった、終わった」という人たちが出てくるんですよね。アイドル終わったみたいなことをいって。

橋元　僕ね、＠ＪＡＭのアイドルイベントを始めたのは、アイドル横丁さんや嶺脇さんのＰＯＰ'nアイドル観て、そこですごいって思って。こういうイベントをうちもやりたいって思ったからなんですよね。

嶺脇　ＰＯＰ'nアイドルは、今は5年ごとにやっていますね。オリンピックよりスパンが長いけど（笑）。先日5年ぶりにやりましたけど。実は＠ＪＡＭさんとか出てきたので、やめたんですよ。

橋元　えーっ。ちょっと責任感じますね。

嶺脇　オムニバスのフェスは当時、ＴＩＦとアイドル横丁とあとは地下のイベントがあるくらいで。元々始めたのは、いろんなアイドルのステージを長時間見てほしいなという思いがあったんです。普通対バンイベントだとだいたい1グループ15分とか20分とか[★21]が多いじゃないですか。あれをだから40分とか50分とかっていう尺で長時間見せられないかな、というのがＰＯＰ'nアイドルの基本的な考えで。あともうひとつ、裏テーマとしては、あの当時ハロー！プロジェクトが鎖国をしていたので、それを引っ張り出したいなという。

橋元　引っ張り出していましたね。

★21　1グループ15分とか20分
対バンイベントの場合、出演者の持ち時間が15分から20分程度でタイムテーブルを作っているケースが多くみられている。これはだいたい3～5曲くらいの計算になる。それ以下だと物足りないし、それ以上だとできるグループも限定されてくるという側面がある。

嶺脇　引っ張り出しましたけど、未だにモーニング娘。[★22]だけは難しいですね。でもあのときは、新体制アンジュルム[★23]初のステージをPOP'nアイドルで見せることが出来たのでよかったです。そういうかたちで数回やってるうちに、いろんなイベントがいっぱい出てきたので、もう僕はやらなくていいや、と思って（笑）。

結構エネルギーもいるじゃないですか。第2回目の開催では、結果としてBABYMETALが出演していた、なかなか少ないイベントになりました。

あのときは、他にもBerryz工房[★24]がトリを取って、シークレットゲストとして℃-uteが出てくれたんで、僕はもうそれだけで満足です。これからはもう@JAMさんにお任せしますので楽しいイベント沢山つくってください（笑）。

© タワーレコード株式会社

★22 モーニング娘。 日本を代表するダンス&ボーカルアイドルグループ。

★23 アンジュルム 2009年スマイレージとしてデビュー。2014年にアンジュルムと改名し現在も活躍中。

★24 Berryz工房 ベリーズコウボウ。2004年から2015年にかけて活躍していたアイドルグループ。

第三章：置かれた環境でベストを尽くす

サーフィンとバイトに明け暮れる日々

大学時代は、ほぼ学校に行っていませんでした。どうしようもない学生で、中学生から始めたサーフィンとアルバイトに明け暮れていました。僕は4月が誕生日ということもあり、高校3年生の5月にはすでに免許を取って車を乗りまわしていました。そのころになると、サーフィンといっても着替えやら道具やらで、荷物もあるし、電車では行けないポイントにも通えるようになるので必需品でした。大学生のときはテレビドラマで『あぶない刑事』が流行っていて、そこに登場する日産のレパードが格好よくて、バイトで稼いだお金でレパードに買い替えて遊んでいました。

そんな生活を送っていたこともあり、友達も大学というより、バイト先の友達が断然多かったです。だって、週6日で1日12時間くらい、ずっと働いていましたから。

バイトが終わると海に行って、帰宅して風呂入ってすぐバイトに向かう日々でした。ですから、当時でも月30万円くらいは稼いでいたと思います。デニーズで働いていたのですが、あそこはイトーヨーカドーグループなので、長くやっているうちにエリアマネージャーからは「うちの会社に来てほしい」と、ずっといわれていました。本部からも直々に僕に会いに来てくれて、口説かれたこともありました。実は当時、デニーズで一番仲がよくて、いつも一緒にいた人が、僕の4歳年上の社員でした。

その先輩といつもサーフィンを含め四六時中いっしょにいたので、今思えば、半分社員教育のようなものを植えつけられていた感じもあったかなと思います。

お店のことや料理のこと、その他オペレーションや人員計画のことまで勉強させてもらいました。結果、ここで仕事脳を植えつけられた気がします。大学を卒業して就職するときも、すごく参考になりました。

彼は、その後31歳という若さで交通事故により帰らぬ人となってしまいますが、それでも未だに尊敬しています。時々思い出しては「こんなとき、先輩ならどうしたかな?」なんてことを考えたりします。僕は、あまり人のことを尊敬するとか、媚びたりとか、そういうのに興味がないというか、苦手な方でして、あまり上の方たちと交わってこなかったのです。今も組織にいますが、きっとどこにでも派閥やグループみたいなものがあると思うのですが、割といつも一匹狼というか。そんなふうにしてきた僕が、唯一といっていいほど本当に大好きで、そして憧れの先輩でした。

新社会人

こんな大学生活でしたから、もちろん就職にも全然興味がなく。当時はリクルートから電話帳のように分厚い、カタログのような就活本が3年生のときに送られてきたのですが、僕はそこに掲載されている企業の中から決めないといけないんだと、勝手に思い込んでいるくらいで（笑）。分厚いカタログから数社選び、面接を受けに行った会社は、すべて内定が貰えるような時代でした。当時はバブル後期だったので、会社説明会に行った瞬間に即内定みたいな状態でした。

そうやって何社も内定を貰っていた中から、結局就職先に選んだところは、Ｔｏｏという、文具・画材を取り扱う会社でした。理由は、Ｔｏｏの会社説明会に行ったとき、会場に来ていた、もしかすると同期になるかもしれない連中が楽しかったので、仕事で選ぶというより、仲間で選んだという感じでした。この仲間と一緒に仕事したい、という思いが強くて入社したわけです。

Ｔｏｏは、元々は「いずみや」という画材系の会社で、〝コピック〟というデザインマーカーの開発・販売のほか、デザイン用品や機器などを幅広く取り扱い、店舗運営やルートセールスなどをしていました。その後は時代とともに、デザイン事務所でもカラーコピーを使ってのカンプ作成や、版下製作などが行われるようになり、キヤノンの代理店となって、コピーなどの販売もすることになったと聞いています。

キヤノンの代理店ですから、基本的には、売上げのあがるコピーやファックスの販売が当時の主流だったわけです。

一方、そのころの日本では、まだパソコンの普及率も低く、あってもワープロや表計算的なことをさせるものが主流でした。アップル社も国内での店舗展開等していなかった。そのアップルコンピューターの総代理店を、当時キャノンが行っていました。

そんな時代に、米国のアップルコンピュータ社（現アップル社）の「Ｍａｃｉｎｔｏｓｈ」（現Ｍａｃ）が黒船のようにやってきたのです。当時のコンピューターとしては、とにかく画期的なもので、感覚的、直感的にさわることの出来るＯＳは、素人でもすぐに習得することが出来ました。

デザインやＤＴＰの世界を一変させることになるＭａｃは、日本のデザインにも瞬く間に浸透していきました。ただ、アップル社は国内に店舗展開などもなく。そのアップルの代理店を、当時アップルと共同でプリンター開発をしていたキヤノンが行っていたのです。

当然、Ｔｏｏでも取り扱うことになり、新設の部門が出来、僕はそのチームに配属となりました。それは、その後の人生において、まさにターニングポイントとなる出来事だったのです。

そこではＭａｃの勉強をしながら、インストラクションを行い、そしてセールスをするという、要は使えて売れる人材が求められていました。

Ｍａｃと出会い、デザインと出会って。当時は、新しもの好きなデザイナーさんやデザイン事務所が、こぞってＭａｃを導入していたときでした。そもそもＴｏ ｏはデザインに特化した会社でしたので、いろいろなジャンルのデザイン会社とコネクトしていきました。

あるとき、運命的な出会いをするわけですが、僕がＭａｃを納めた会社の中にビーイング★1さんがあったのです。そこでは、大黒摩季さんやＺＡＲＤ、Ｔ－ＢＯＬＡＮなどの作品をつくっていて、デザイナーさんがつくるジャケットデザインを、Ｍａｃを使いながらサポートしたりしていました。

転職

順調に経験を積んでいる最中、Ｔｏｏからソニーミュージックグループへ、大量のＭａｃが導入されることになりました。何十台規模のＭａｃが導入されて、その伝手があってソニーミュージックに来ないかって誘っていただきました。

Ｔｏｏ入社1年目の終わりにお誘いの話があって、ただ、たかだか1年しか働いてない若僧が、ソニーミュージックに入ったところで何も貢献できないと思ったんですよね。だから「もしお話を待っていただけるなら、もう少しＴｏｏで働かせ

★1 ビーイング
レコード・レーベルやマネジメント、販売なども行う大手音楽プロダクション。

てください」といって、その後2年間続け、結果4年目の7月からソニーミュージックに転職したのです。

お誘いを断ってから2年後、改めてこちらから、今度は当時誘ってくれた方に「3年しっかりと働いたので、あらためてソニーミュージックに行きたいです」というと「わかりました、是非に！」と、快く受け入れてくれました。

待っていてくれました！というよりは、今にして思えば、ちょうど同じタイミングで人材が必要なだけだった気もしますが（笑）。

ソニー・ミュージックコミュニケーションズは、ソニーミュージックグループの中で主に代理店的な業務を中心に行っている会社でした。広告の代理業もやっていたし、コンサートグッズやパッケージデザインの制作、印刷やプレスなどの受注も行っていました。あとは店舗開発など。建築士が在籍していてCDショップなどの店舗デザインもやっていました。本当に幅広い、まさしくなんでも屋的な会社でした。

僕が最初に配属された部署は、他レコード会社の営業でした。ですから、僕はソニーミュージックの社員でありながら、担当するクライアントはよそのレコード会社という、なんとも不思議なところでした。

前述のとおり僕は、ソニーミュージックに入る前は、Ｍａｃのセールスをしていました。そのときの絡みもあり、配属後最初に担当したのが、なんとビーイングさんだったのです。ビーイングさんの担当をし、そこでビーイング所属アーティストのジャケットまわり、パッケージの印刷だったり販促のサポートだったり、ときには店頭販促の展開を提案し、イメージに合った装飾を施したりしていました。

具体的には、ＺＡＲＤのアルバムが発売され、アルバムのジャケットにはモナコのヨットハーバーが使われていたとします。

それに合わせ、店頭の平台展開のテーブルには空と海を想起させる水色のサテン布を敷き、そこに船のオブジェを並べＣＤも陳列できるようにして……などイメージを膨らませ、それを大型店舗用として３００キットつくりませんか、と販促チームへ提案するといった仕事をしていました。

また当時は、ＣＤを買うと、くじが引けて景品が貰える、というアルバムの拡売展開を各社行っていました。１キット１００人用でハズレなし、当たったらトートバッグやＴシャツが貰えますよ、当たらなくてもバッジやステッカーが貰えます、といった、いわゆる拡売用有償キット。B'zやMr．Childrenのベスト盤の際にもそういったグッズの中身を含めた提案や製作を行っていました。とにかく店頭まわりの仕事が多かったですね。

僕自身、そもそもデザインやファッションにとても興味があったこともあり、Macのセールスをしていたころから多くがデザイナーやデザイン事務所を傍でサポートしながら、クリエイターの感性や感覚というものに強く影響を受けていきました。

モノづくりをする際、一歩間違えると職人さんというか、製造業的な考え方に寄ってしまいがちで。決して製造業の方が悪いというわけではないのですが、ご自身たちの立場的にハッキリと「できます、できません」をいわないといけない。それはプロダクツとして後で事故にならないようにするためでもあります。

でも、イメージを持ってモノをつくりたい側の人って「そんなことどうでもいいからどうすれば実現出来ますか？」とかいう話になるじゃないですか。そのため、発注者側と同じ気持ちでいたいと思いながら、いかにその先の製造チームや職人さんたちに出来る方法を考えてもらえるか、伝えていくかが僕の役割でした。結果、いろいろ迷惑をかけながらでしたけど、でも想いをひとつずつ伝えながら、チームというか仲間を増やしていきました。

たとえば印刷屋さんへも、ピンクの色の出し方とか、蛍光入れて掛け合わせてとかいう、少し技術的なところまで突っ込んで話をしてほしいとなり、発注先にもすごく補填した覚えがあります。

実は、ZARDのジャケットに儚さや柔らかな印象を表現するため、少し特殊なインクが入っていたときがあって。そこも印刷屋さんといっしょになって朝まで「あーでもない、こーでもない」とやって。ささいなことだけどモノをつくるってこんなに楽しくて、こんなに情熱的なんだ、ということを勉強しながら、それこそ熱血ドラマではないですが「いっしょにやっていこう！」という想いで、会社や業務の垣根を越えてやってきました。

印刷屋さんとGoods屋さんがあったとしたら、そこはときには競合会社だったりするのですが、想いを伝えて合同で作業してもらったり。結果的にはみんな仲間にしちゃっていました。

そのほうがモノづくりにおいて成功率が上がるなら、仲間にしない手はない、

「チームとして一緒にモノをつくっていこう」「この感覚でいっしょにやってほしいんです」みたいなことを常にやっていました。

だから、今でも職人さんたちとは仲がいいです。今ではお仕事する機会も減りましたが、ごいっしょするときはいつも全力で取り組んでくれています。

ひとつの仕事が終わって

当時のクライアントからすると、僕らは結局、一業者にしか過ぎませんでした。なので、プレゼンに負けたらそこで終わり、いわゆる負けなのです。そういう意味では、すべてが手放しでやれていたわけではなくて、ひとつひとつ、そこはやっぱり勝負して戦っていました。

そもそも僕は、よくばり精神が旺盛でクライアントの仕事が10あれば、10やりたかったんですよね。だからこそ、圧倒的な企画力や対応力で、毎回勝ちに行かなくてはいけない。だから「今回はこのチームと組もう」とか「こんな体制で提案しよう」とか、そこはシビアに調整しながら進めました。今思うと、ビーイングの各レーベルとともに、かなりの確率でお仕事させて頂いたと思っています。

その後ビーイングさんは98年まで担当していました。でも、たとえばZARDの仕事だからといって、坂井泉水さんとお会いして、そこで何かをするというようなことはなかった。遠くでお見かけするくらいの距離感で仕事をしていました。

入社してからの仕事というのは、2次的、3次的という感じのことが多かったです。音楽業界に身を置いてはいるけど、やっていることはモノづくりの職人さんみたいな。だからみなさんの想像するような、華やかな仕事かといわれれば、全然そんなことはなかった。

それでも、当時の経験があるから、やったことのないポジションの業務も出来るようになりました。レコード会社に勤めても、CDのセールスマンもいれば宣伝マンもいるし、A&R★2もいればマネージャーだっている。いろいろな業種がある中で、他社を通じて多くのことを学ぶことができました。

各メーカーさんによって、チームの規模や役割も違うとは思うのですが、たとえば大きなメーカーに入って宣伝担当になったとしたら、その人のスキルを磨くという意味でも、なかなか宣伝以外の仕事を経験することって少ないのかもしれな

★2 A&R
アーティスト・アンド・レパートリーの略。新人アーティストの発掘から契約、育成、またアーティストのイメージに合うような楽曲の発掘、契約、制作を担当するレコード会社の業務のひとつ。

い。その点、僕は多くのメーカーやチームと仕事に携われたことで、セクションを超えた方々と幅広くビジネスが出来、その人たちの素晴らしい仕事ぶりや考え方も学んでこれました。だから、A&Rや宣伝経験もなければマネージャー経験もないけど、今ではプロデューサーと呼ばれるようになって、曲をつくったり、宣伝プランを立てたりという業務が出来たりしているのも、そういうところで培った経験からだと思っています。

転機

その後、実際にアーティストと密接に関わるようになったのは、2000年に入ってから。当時担当していたトイズファクトリーさんから「ビジュアルのコーディネーションをやって欲しい」という依頼が来て。それが始まりでした。

当初はジャケットの手配というか、ジャケットをつくるための手配、というい い方のほうがわかりやすいかな、いわゆるコーディネーターという仕事でしたので。

このデザイナーと仕事がしたいです。このカメラマンに撮ってもらって、このメイクとこのスタイリストにお願いしたいので、あとはよろしく、といって任せられる感じ。で、そのデザイナーと打ち合わせをして、どういう作品にするかをいっしょに提案し、それをどこでどういうロケを組み、それがいくらの予算で、みたいなことをまとめる人。

最初はそんな感じの仕事から始めました。

少し話を戻すと、僕はビーイングさんに携わりながら、当時新しくできた会社だったトイズファクトリー★3さんとも仕事をすることになるのです。トイズファクトリーは、Mr．Childrenが爆発的にヒットし、その後も多くのヒットを出す新鋭のレコードメーカーでした。でもそのころは、まだ何十人かで始めたばかりの会社だったので、そこの営推販促★4を手伝う、いわゆるビーイングのような仕事をトイズファクトリーでもやってほしいと、会社からの指示が出てスタートしました。

トイズファクトリーで僕が初めて仕事に関わったのが、My Little Lover、そしてSPEEDでした。主に営推販促のサポートをやっていたのですが、何かあれば、一日何度も出向いて担当者ごとに話を伺うというフットワークで動いていました。

★3　トイズファクトリー
A&R主体で数多くの人気アーティストを輩出しているレコード会社。

★4　営推販促
営業推進・販売促進。会社の「体制」や「商品」に対し、利益をあげるための方法やシステム策定・主導などをする仕事。

そんなある日、当時の制作部長さんから、「ビジュアル関係をキミにやってほしい」といってもらえて。まったくといっていいほどの未経験者でしたが、僕の人柄を買ってくれたのだと思い、何だか嬉しかったです。

そこで僕は、ロックバンドSOPHIAのビジュアルコーディネートをやっていくことになるのです。

営推販促を手伝っているときもそうでしたが、やはり音楽づくりをしているディレクターや、A&Rの傍らにいることで、とにかく勉強したというか。そこでも単なる業者と思われるのが嫌だったので、その人のためにできるベストは何か、その人が望むことはどういうことなのか、常にそこを考えてやっていました。

仕事もひとつ、ふたつとクリアしていき、その後は他のアーティストの依頼も増えてきたので、それならば、これをビジネスとして膨らませていきたい、という想いでやってきました。

ソニー・ミュージックコミュニケーションズでは、元々、他社レコード担当という部署で、僕が入社した93年当時には、4~5人ほどでやっていましたが、僕が離れる2009年ころには、部門として30人程度の組織になっていました。プロデュースオフィスという名前に変更し、最終的には35歳でこの部門の部長になっていました。

また長く担当してきたトイズファクトリーさんでは業務提携の話がまとまり、僕たちのデスクが置かれ、専任スタッフ数名が配置されるまでになりました。

それが、いわゆるコーディネーション業務の進化系でした。

よくばりの精神

ビジュアル制作を任されてから、最初に携わったのがCDジャケットです。ジャケットでどう表現し、その制作をしていくか。そこだけに特化したミーティングを日々重ねていました。それ以前は、CDをセールスするための仕事でしたから、ジャケットの世界観で販促物などのモノをつくってきたのですが、今度はジャケットそのものを制作するという話になります。楽曲の世界観にも直結してくるし、レコーディングとの兼ね合いとか、メンバーのスケジュールも含めて、より本人たちのやりたいこと、見せたいことをダイレクトに吸い上げる必要がありました。

とはいえ、決められた予算内でジャケット撮影を円滑に行う仕事。たとえばSOPHIAでは、オーストラリアやロサンゼルス、その他国内外含めていろいろ行きましたけど、そこでの僕の作業といえば〝手配〟が主な仕事でした。

アートディレクターから始まり、カメラマンやスタイリスト、ヘアメイク、移動の足となるロケバスもそうです。もちろん海外へ行く場合には、航空券、ホテル、現地撮影許可、それらを全部取り仕切る現地のコーディネーターなど。ですから、ど真ん中の仕事ではありますが、ど真ん中にはいない仕事、というのが正しいかもしれません。

別のいい方をすれば、潤滑油のような存在として、いかに仕事をスムーズに進めていけるか。

ただ、そもそも僕はよくばり精神が旺盛でした。このチームともっと関わりたい、何ならすべてに関わりたい、と思っていました。通常の流れだとジャケット制作後に、今度はミュージックビデオ（以下MV）の制作に入るのですが、当時の仕事って、ツーウエイで進めるのが当たり前みたいなところがあって、アーティストのクリエイティブは多くが2本立てだったのです。

ジャケット撮影と同じチームとしてヘアメイクやスタイリストがいる中で少し時間を置き、デザイナーをMV監督に代えて、同じテーマ、同じ会話ののちにMV制作を進行していく。僕はよくばりでしたから、ジャケットを担当するからにはMVの制作にも携わりたいとお願いしました。全体をセットで関わらせてもらうように変革していったのです。

A&Rの立場からすると、ジャケットチームにジャケットを発注し、MVチームにMVを発注します。でも曲のコンセプトや伝えたいことはいっしょです。毎回こんな感じでツーウエイになっていることが、僕はちょっと気持ち悪くて。

根本的にやりたいことが同じであれば「僕が入って統括するのでいっしょにしませんか?」ということで、全体を僕が把握し、いかにクリエイティブ側の代弁者となり伝えていくか。そこに特化することで、いわゆるビジュアルのコーディネーターからビジュアルのプロデューサーに変わっていった感じです。

やるからにはより深く関わりたいし、いっしょに考えていきたい。よくばりの精神でやり始めたことが、結果的にクリエイティブ全体をまとめる立場になって。なので、逆にいうと、どちらかだけを受けても先方にはあまりメリットがないというか、クリエイティブ全体をいっしょに考えられるチームとしてやっていきたい、という想いが強くありました。その中で担当させてもらったケツメイシや絢香は、デビューから携わらせてもらう大事なアーティストとなりました。

クリエイティブチームとして、ジャケットとMVを統括して担当しました。これまでのジャケット制作に加えて、MVでは監督のチョイスや企画の提案等「この監督だったらこういう作品をつくってもらえる」とか「こういう企画を考えてもらいたい」とか、そういうところから関われるようになったので、より深いところでやれるようになっていきました。

自分も一緒にアーティストを売っているという意識が、より高くなったことはもちろんですし、アーティストが抱く作品への想いとか熱量とか、ダイレクトに受け止める仕事をしていたので、それをいかにパッケージや映像に具体化していくか、とにかくそこに集中していました。

たとえばMV。当時、ケツメイシのMVは、ストーリーもののはしりだったと思います。ドラマ仕立てのMVは、尺の中でドラマのストーリーを伝えていくのですが、撮れば撮るだけ全体尺に収まらなくなっていきます。

実際、特に『さくら』の場合は、脚本を岡田恵和さん★5、監督は山口保幸さん★6へお願いし、撮影も主に映画に使われる35ミリフィルムを使用、3日間にわたり行いました。それだけ気合の入った作品ということもあって、尺の中に映像が収まりきらなくなり、結果、相当量のシーンをカットしました。監督からすると、撮った作品を脚本の通りに伝えたいから、尺の中に細かくコマ割りしていくわけです。立場からすると当たり前ですが、そうすることで映像作品としての想いを伝えていきたいのです。

でも、これはメンバーからいわれて、ハッとしたことなのですが、最終チェック時に「俺たちの曲や歌詞が全然入ってこない」といわれて。要はMVを見ていても、どんどん矢継ぎ早にストーリーが展開していくあまり、つい画のほうに意識が持っていかれてしまい歌詞が入ってこない。だから、ストーリーのつじつまを合わせるために映像をハメていくのではなく、もっと曲のことを考えてよ、って。確かにその通りでした。

それを受け、ストーリーをどんどん展開させていくのではなく、サビは主人公の萩原聖人★7さんと鈴木えみ★8さんの気持ちいいところの画を長まわし、という感じに

★5 岡田恵和
オカダヨシカズ。脚本家。テレビドラマをはじめ、映画や舞台、また著書でも数々の作品を発表している。

★6 山口保幸
ヤマグチヤスユキ。映像作家。主にアーティストのミュージックビデオを手掛けている。

★7 萩原聖人
ハギワラマサト。俳優のほか、声優、ナレーター、またプロ雀士としても活躍中。

★8 鈴木えみ
スズキエミ。ファッションモデル。雑誌やCMで活躍中。テレビドラマにも多数出演。

大幅変更し、あの作品が出来上がりました。

　そして、その後は長尺のＭＶに入らなかった映像は入らなかったものとして、別作品や別バージョンとして上映会をしたり、特典としてＣＤに入れたり。そんなふうにしていきました。

　当たり前のことですが、楽曲があって、初めてミュージックビデオがあるということ。そう考えるとＭＶの中に変にドラマの説明なんていらないよね、ってことになって。あれから作品内容に対する意識も変わりました。そして、今でも置き換えて反すうしているというか、忘れないです。

クリエイティブとビジネス

　僕は当時、ケツメイシや絢香のほか、山崎まさよしさんやＲＡＧ ＦＡＩＲなどを担当していましたが、うちのチームとしては、森山直太朗さんやコブクロ、Ｓｕｐｅｒｆｌｙやウルフルズといったアーティストのクリエイティブも手掛けていました。僕は、プロデュースオフィスという部門の部門長をやりながら、同時にマーチャンダイジングのチーム、デザイン制作のチームでもチーフプロデューサーを兼任していたので、計3部門の責任者として当時は全部で120名程の組織を見ていました。

ただ、その中でプロデュースオフィスという部門は、クリエイティブを軸に仕事を広げていくという着眼点は面白かったのですが、なかなかそれ自体ビジネスとして大成しなかった。会社としても新しいクリエイティブな取り組みとして発想は理解してもらっていたのですが。

結局アルバムのジャケットや、MVの制作予算というのは、ある程度限られているし、その中で外注コストを考えると、自分たちの売上げなんて、せいぜい数パーセントくらいにしかならない。本当はそこから、マーチャンダイジングだとかパッケージだとか、連動してパイの大きな仕事に広げていければよかったのですが。

ただそれって、クリエイティブの部門で受けている案件、要はA&Rといっしょにやっても、「パッケージの印刷もください」とか「グッズをつくらせてください」とはならない。グッズはマネジメントの範疇だし、印刷物って話になると、購買部あたりの管轄になってしまうので、単にA&Rとプロデューサーで話したところでどうにかなるものでもなかったりで。

結果、ビジネスとしてそこから大きく横に広がらなかったという感じでした。

だから、面白い案件だったり、多くのメジャーアーティストに携わっていたりすることで、会社や部門としてのブランディングは上がったと思いますが、それが大きなビジネスにつながったかというと、なかなか一筋縄ではいかなかった、というのが、今でも反省している点です。

これは@ＪＡＭにもつながる話ですが。部門としての仕事が、なかなかお金にならないというのはありました。社内的にも売上げを伸ばさないといけないところでしたので、日々、試行錯誤だったことを覚えています。

特別対談：菊竹　龍（フジテレビジョンTOKYO IDOL FESTIVAL総合プロデューサー）×橋元恵一

コロナ禍におけるアイドルフェスとニューノーマル

オンラインフェス

橋元　ＴＩＦのオンラインフェス、おつかれさまでした。ようやく終わったって感じですか。僕はいろいろなインタビュー等でも話しているんですけど、リアルライブを6月末で諦めてオンラインに切り替えましたが、ＴＩＦはどんな感じだったんですか。

菊竹　僕も同じくらいで、7月アタマくらいから無観客に向けて舵を切って調整して、7月末に発表したというか。

橋元　ＴＩＦは並行していろいろ全国予選とか動いていましたよね。あれが走っているのを見ながら、どう着地するのかなと思っていました。

菊竹　今もそうですが、当時も日々変わる状況を注視しながら、そのときそのときで議論を重ねて判断を出していました。ただ、ＴＩＦは基本的には野外エリアが多いので、当時はわりと、警備員置いて、きちんとお客さんが分散するように指示は出来るかなと思ってはいました。

それでも、一瞬でもお客さんが一気に集まっちゃって、そこだけ切り取られてSNSで拡散とかしたら、アイドルシーンがみんな前を向いて進もうっていうときに、我々が足を引っ張ってしまうことになるなと思って。ちょうど、オンラインでやりますと発表した日が、当時過去最多感染者数だったんですよ。東京都の300人超えで。

橋元　緊急事態宣言が出てから、比較的早くから無観客でやろうって構想していたんですか。

菊竹　全然です。どうにか有観客でと思っていました。というか、普通に開催出来ると思っていました（苦笑）。2020年は10月開催でしたし。

橋元　そうですよね。夏だから開催出来るんじゃないかとか、10月だから出来るんじゃないか、みたいに会話していましたが、未だに厳しいですもんね。

菊竹　で、今度はじゃあ、年明けならばいけるのかとか。年明けに50%規制が解除されるんじゃないかとか。なんか、ずっとそんなイタチごっこですよね。

橋元　@JAMでいうと、今まで自分の中のオンラインの知識って、ニコ生とかSHOWROOMとか、これまで配信に親和性がなかったわけではないけど、オンラインというものに対しては、なんかスポンサー案件くらいの感じでしか捉えてなくて。だから、自分たちの主戦場にオンラインを持ってきて、オンラインで戦うってことは考えてもみませんでした。

なので改めてそれをやろうと思ったときに無知さに気がつくというか、テレビ中継みたいなことと、配信で出来ることの差異や技術的なことをひとつずつ学びながら、お金を取って配信するって、そんな軽い雰囲気で出来るようなものじゃないってことがわかったというか。

イベント中に、高見奈央[★1]の実況チャンネルで、彼女が移動していく様子をずっと撮影しようって企画がありまして。最初は僕、Ｗｉ－Ｆｉとスマホ持ってもらって、ずっと撮れるよね？　程度で思っていたら全然そんなことではダメで。

高見が動いているのと同時に、配信基地を背負った人たちが一緒に動いてくれていて、しかも事前に6会場への移動経路で電波の弱い場所を検証してくれていたり。なんか思いつきでいろんなことといっているけど、僕の思いつきに対してさまざまな人が時間と手間をかけてやっているんだなって、実際にやって思ったのが今回でしたね。

★1　**高見奈央**
ベイビーレイズＪＡＰＡＮの元メンバー。

未だに配信っていうのは難しいというか、でも、ぶっちゃけ学習したいとはあまり思わないし、もう配信オンリーはこりごり、という感じでした。ＴＩＦはどうだったんですか。

菊竹　配信では、まず見え方の部分でいうと、ステージをつくるのをやめましたね。オンラインになり予算的に厳しい部分を逆手に取って、演出的な部分を意識しようとしました。ステージの高さをゼロにして、なるべくカメラの画は、アイドルたちの寄りを撮ろう、みたいな。広い画は観客との盛り上がりを見せる意味合いが強いけど、無観客では伝えづらいですしね。

　また技術的な部分だと、ＳＫＥ48へ出演を打診したら、ちょうどその日が、名古屋で周年のワンマンをやっているので、物理的に出演は難しいってなったんです。それでも先方と協議を重ねる中でワンマン公演の隙間時間を利用して、そこで中継しましょうかとなって、名古屋から中継でＴＩＦに出てもらったんですよ。そういうのってオンライン開催だからこそやる意味が出るようなことかなと思って。

　でも、そのときに技術的な問題が出てきて。僕も橋元さんといっしょで、安易に、いいですねそれ、Ｓｋｙｐｅで飛ばせばいいじゃないですか、みたいな感じでいったら、全然ダメで。それこそ、じゃあ配信機器を、それぞれ受け手と送り手がいるから、まずうちが借りて、送り手の部分を名古屋に送ってとか。そうしたら今度は、配信担当も名古屋に行かないといけないんじゃないかとか。それいくらかかるんだ、みたいなこととか。やってみると、そんなに甘いものじゃなかったなっていう。

橋元　結局名古屋には行ったんですか。

菊竹　行かなかったです。結局僕には理解できない部分が多くて、技術面の専門家同士で話したら、名古屋の会場のネット回線がきちんとしていたので、ネット経由で飛ばしてもらって、こっちで受けるみたいにしましたね。結果、画質を落とさずに視聴者にお届けできてほっとしました。でも前日も当日も、回線リハをずっとやっていました。

遠隔での生中継をやってみて思いましたけど、個人的にオンラインライブは〝生〟にこだわりすぎる必要はないのではないかと感じました。ライブアクトに関してはお客さんと掛け合う機会が圧倒的に少ないですし、収録録画の方がカット割りもしっかりできるし、音響も生よりも気を使うことができるし。もちろん生の臨場感は大切ですが、フェス全体としてはメリハリをつけて色々なパターンを柔軟に入れ込んでも面白かったなと。

橋元 そうですよね。結果採用しなかったですけど、@JAMでもオンラインをどうするかみたいな会話のときに、じゃあライブハウスを安い平日に借りて、どんどん収録・編集してそれを@JAM ONLINEの日に配信しましょう、という提案もあって。そうすると、会場コストがかなり抑えられるので、それでやりませんか、といわれていたんですが、発想になかったです。「えっ、それで面白いんですかね?」みたいな感じで戻しちゃったんですよね。でも、面白いかそうでないかは措いといて、技法としてはあったなって思いました。ただ、全部それやっちゃうと、稼働していないアイドルたちはディズニーランド行っちゃったりして、タイムラインで盛り上がらないですし(笑)。

菊竹 裏でね(笑)。

橋元 リアルでやらないとSNSでわかっちゃいますからね。

菊竹 全体の一部とかならね、あるかもしれないですけど。テレビでも今、音楽番組もなかなかないですからね。全部生って。結構事前撮りありますからね。ただ、やってみないとわからないな。

橋元　今回の配信プラットフォームはフジテレビさんのものだったのですか。

菊竹　違います。バルス★2さんという会社のプラットフォームで、SPWN（スポーン）っていう配信プラットフォームを使用しました。僕がとにかくひとつのプラットフォームにまとめた配信にこだわったので。お客さんもその方が回遊しやすいだろうなと思って。色々なオンラインフェスを拝見していたときに、個人的には複数プラットフォームを回遊するって、ユーザーファーストではないなと思いました。1プラットフォームにしようと思ったときに、いろいろなプラットフォームさんからもご提案いただいていたんですけど、どのプラットフォームさんにもこれまでとてもお世話になってきたので、どこかひとつって選べないなと……。そんな中でSPWNは配信プラットフォームとして、クライアントの各コンテンツに合わせてカスタムできて、これならTIFの世界観をオンラインでつくり込めると思って、ごいっしょさせて頂きました。

橋元　見え方が美しかったですよね。

菊竹　でも、多くのお客さんが初めて使うプラットフォームだったと思うので、問

★2 バルス
バルス株式会社。バーチャル3D空間上のエンターテインメントスペース「SPWN（スポーン）」を提供している会社。バーチャルキャラクターの制作や技術提供なども手掛けている。

い合わせがとても多かったですけどね。ダウンロードやらログインやらどーやるんだ、コレ。みたいな。当時はアイドル業界ではあまり触れたことがないプラットフォームだったので、逆にお客さんにはストレスかけちゃいましたね。もっと主催の方で、視聴するための導線として解説を動画でつくるとか工夫すればよかったと思っています。

橋元　チケット代とかどう設定されましたか。

菊竹　チケット代というのは、いってしまうともはや覚悟ですよね。高いっていわれるだろうとは思っていましたけど、覚悟を持って、その価値があると思ってもらえるコンテンツをつくるんだと、自分にいい聞かせてた部分もありました。結果、ちゃんとチケットを購入して見てくれた人たちは、全然安かったね、といってくれた人が多かったですけど、やっぱり高いという意見は最後まで聞こえてきましたね。

橋元　何か無料で見られるのはありましたっけ。

菊竹　ライブステージはすべてSPWNで回遊できるようにしましたが、トークステージに関してはSHOWROOMで無料で見られるように配信しました。あとMixChannel★3（以下、ミクチャ）でのTGIF（TOKYO GRAVUR

★3 MixChannel
ライブ配信ストリーミングであり、動画共有コミュニティサイト。愛称はミクチャ。

ＥＩＤＯＬ ＦＥＳＴＩＶＡＬ）の配信も無料で見て頂けるものでした。

橋元　そういえば、バーチャルアイドルもカテゴリーにありましたけど、どんな感じなんですか。

菊竹　実は19年のＴＩＦ２０１９の段階ですでに１組、バーチャルアイドルの「えのぐ」さんに出演頂いていたんです。Ｚｅｐｐ ＤｉｖｅｒＣｉｔｙ（ＴＯＫＹＯ）のステージ上には実際誰もいない状態でしたが、ステージ上部にあるサービスモニターでえのぐさんにアクト頂きました。それでも本人たちやファンは喜んでくれたんですが、僕としては「いや、これではあの子たちの良さを出してあげられていないな」、と見ていて思いました。でも今年は、オールオンラインだったから、彼女たちのフィールドをつくってあげられるかなと思って。そして実際やってみるととても盛り上がってたんですよね。チャット機能をつけていたんですが、コメント数はリアルよりバーチャルの方がはるかに多くて、オンラインフェスとの相性の良さを感じました。コメント文化というか。

バーチャルアイドルの子たちって、やっぱりお客さんとのリレーを全部意識してやるので、コメントへの反応速度[★4]が速いし、呼応してコメントも盛り上がります

★4　コメントへの反応速度
ライブ配信中に画面越しでコメントのやり取りをする際、視聴者から送られてきたコメントに対してのレスポンスの早さを指す。対応が早い。

よね。なので、オンラインは彼女たちのホームなだけあるなって思いましたね。

橋元　コンテンツはどのくらい集めましたか。

菊竹　バーチャルは30組くらい出演頂きましたね。

橋元　それを集めるのはまたカテゴリーの違う人たちじゃないですか。どうやったんですか。

菊竹　バーチャルのシーンに詳しいチームに入ってもらって、ゼロから、企画とブランディングを考えていきました。それこそ指原莉乃[★5]さんにバーチャルTIFのチェアマン〝Rino ちゃん〟として、バーチャルのキャラになってもらおうとか、どういった出演者にオファーしていこうとか。せっかくTIFがやるんだから、リアルアイドルとのコラボステージはつくりたいよね、とか。まったく異なった業界ですが、いろいろ勉強になりました。

でも、やはりファン層は全然違いますね。今回はすべてオンラインだったからうまくいった部分もあると思います。

橋元　TIFがすごいなって思ったのは、僕ら、あるものだけでというか、比較的ミニマムでやったんです。出演者も春先にオファーして当時決定していた方たちだ

★5 指原莉乃
サシハラリノ。タレント、プロデューサー。現在はアイドルグループ「=LOVE」「≠ME」のプロデューサーを務めている。

けでやったんですね。でも、TIFは例年のTIFのように、坂道★6からももクロまで含めて、全方位でやったじゃないですか。そこの熱量と、オンラインだからといって手を抜かない感じがすごいなって、純粋に思いました。

菊竹　僕も、最初は世の中がこんなことになってしまったし、厳しい制限がある中で、やれるだけのことをやろうと思ってオンラインを決めたんですけど、それこそ初めてだったのでいろんな人に相談しているうちに、多くの方に賛同頂き、助けて頂き、結果ここまでの規模になっちゃったという感じですね（苦笑）。本当に多くの方に助けて頂きました。結果論です。

橋元　物販や特典会はどう対応されたのですか。

菊竹　難しかったですね。グループによって作法が全然違いますから。今までは物販用の机を用意して、あとは、やり方は各事務所さんの方針でどうぞ、みたいな感じだったんですけど。今回コロナ禍の状況でどうやったらそれができるのかなと思ったら、いろいろ違うんですよね、事務所さんによって販売しているものというか、サービスというか。

　チェキのサインだったり、一対一のトークを特典として売っていたり、うちは

★6 坂道
坂道シリーズ。乃木坂46、櫻坂46、日向坂46、吉本様46のグループおよびプロジェクトの総称。

一対一のトークはやっていません、というところもあったり。さまざまなのですごく悩みましたし、すごく勉強になりました。
あと、そもそもの物理的な場所がない。やっぱりコロナのことを考えると、今までみたいな人口密度の状況でやるわけにはいかないので、アクリル板を置いて、ひと組終わったら消毒して。
橋元　僕らは特典会を用意しなかったので。そこもTIFではやっているから、すごいなって見てました。
菊竹　やっていましたね。でも7レーンあるんですよ、特典会ブースが。7レーン分のカメラやモニターを用意して、もちろん配信だからネット回線もその分必要で。それにネット回線は予備を含めて2本いるので、そこだけで14本も。本当に大変だったし、反省点も多いです。

フェスを継続するむずかしさ

橋元　僕は、EXPOを14年から始めたのですが、初回赤字となり、赤字が出たことによって社内では「こんなフェスやっていて良いのか」みたいな議論も一部からは出たりして。でも社長からは「イベントやフェスなんて成果が出るまで3年くらいかかるのは当たり前、考えてやってみろ」くらいの感じだったので、16年までは何とか続けられたのですが、3年連続で赤字になったとき、よく4年目をやらせてくれたなっていうのが、当時は只々感謝で。そして、その4年目も赤字だったので、本来であればそこで終わっていたはずなんですけど、これまた続けさせてもらえたというのが、何ともありがたかった。今では全社案件事になっていて、会議でも「@JAMを盛り上げるために、ほかの部のスタッフも知恵を貸してやってくれ」みたいな感じになっているんですけど、赤字のときは精神的にキツかったですね。特に17年は泣いてました。

菊竹　ナタリーさんとのときでしたっけ。

橋元　それは16年なんですよ。16年で盛大にコケて、ナタリーさんとも1年でごいっしょできなくなってしまって。17年は、ほぼひとりでやったんですよね。どこにも協力者がいなくて。キャスティングもほぼ僕ひとりでやって。ドロシーを復活させた年でした。そのドロシーの復活も結局は実現しましたけど、発表できたのが開催

5日前だったんですよね。そこまでやりましたけど結果赤字で。
だから、絶対に2018年は出来ないと思って、17年はドロシー見ながら、復活が実現出来たんだと万感胸に迫るものがあり、そしてやり切った想いやら来年は出来ないんだという悔しさやら、さまざまな想いが交錯して号泣しました。あの当日、これで@JAM EXPOは最後、そう現場で思っていました。
でも18年、条件付きながらやっていいぞ、ということになったので、それで日本テレビさんとかレコチョクさんに話を持って行き。そしたら二つ返事でやろうとなって、そこからですね、利益も上がるようになったのが。だから2017年までは本当につらかったです。

菊竹 なるほど。ただ、たぶん僕とちょっと違うのは、橋元さんは@JAMを立ち上げてここまでやられてきましたけど、僕は4年前くらいから担当を引き継いだ形なので、その辺は違うんだろうなという。

橋元 でもそのTIF歴代プロデューサーの方々も、そうした赤字を含んだ損益のバランスと戦ってきたんですよね。
今ごいっしょしているNPP★7だって、きっと大負けした瞬間に、来年いっしょ

★7 NPP
New Year Premium Party（ニューイヤー プレミアム パーティー）IDOL PROJECTと@JAMがタッグを組んで毎年お正月に行う豪華なアイドルイベント。NPPは略称。

にやるか否かって判断がされるじゃないですか。黒字化していれば何もいわないですけど、大赤字になった瞬間から一回リセットかかるのが、怖いですね。

菊竹 製作委員会の体制でのイベントは、会社対会社ですからね。現場レベルではいろいろな思いがあるから、またやろうよとか、タッグ組もうよみたいなところはあるんでしょうけど。出資ごとだと、会社の判断になりますからね。でもその分、製作委員会は自分たちのテリトリーじゃないところから助けてもらえるっていうのはいいですよね。

どう変わる？ コロナ収束後のフェス

菊竹 今この瞬間、コロナがまったくなくなったら、速やかに戻る気がしますけど。

橋元 今の状況を整理して話すと、イベントは50%までお客さんの入場が出来る措置が取られています（20年10月現在）。コンサートにおいては、クラシックみたいなものとロックコンサートとかフェスは、それぞれカテゴライズされているんです。だけど、実はお客さんがすごく立派で、ロックフェスもクラシックコンサートも同じように対応してくれているんです。だから、静かだからクラシックはＯＫだとか、ロックフェスは声出すからダメみたいな話なんだけど、実際はロックフェスでもアイドルフェスでも声出さないじゃないですか。だから、みんなクラシックのようにやっているから、ジャンルでカテゴライズしていくのがナンセンスになっていますよね。

菊竹　オンラインをやってみて、やっぱり、リアルの方が熱量も伝わりやすいし、イベンターとしてもやはり現場で盛り上がっているお客さんと会えた方が達成感があるので、絶対リアルの方がいいと思いますね。ただ、せっかくなら、これだけの配信イベントをやり切ったので、何かしらこのノウハウを活かしたいです。主催側からしたら。何百時間もストリーミング配信やったんだから、どうにかうまく使いたいとは思いますが、お客さん的には元の世界がいいんだろうなと思いますね。

橋元　オンラインのみで何かイベントやるとかって、来年以降想像していますか。

菊竹　していないです。一切していないです。

橋元　僕らもなんですけど、ハイブリッドは有りかなとは思うんです。

菊竹　制限されている中では、ハイブリッドは有効ですよね。入場者50％とかで。

リアルが制限されている中で。

橋元　今までは配信することによって、僕らは協賛収入を得ることが多かったので、そういうイメージとして配信を捉えていたのもあったのですが、今、このご時世になった瞬間から、そういったプラットフォームがなくなってしまったじゃないですか。

菊竹　ペイパービューになりましたね。でも、これだけオンラインやりましたから。お客さんがオンラインでライブを見ることに対するハードルは下がったと思うんですよ。だから、さっき橋元さんがおっしゃっていたみたいに、ハイブリッドは成立してくるんだろうと思うんですけど、予算との兼ね合いですよね。

橋元　ハイブリッドの中、配信で見たいっていう人も一定数はいると思うんですけど、その一定数のために予算をかけて配信を準備するには実入りが合わないことも多いですね。

菊竹　数億、数十億の予算規模のイベントを、配信のみで満たすというのはなかなか難しいなとは思います。

気になる入場料

橋元　コロナ禍においては、支出となる制作費もそうだけど、収入となるチケット代の考え方も変わってしまった。チケット代の設定ひとつとっても悩ましいところですよね。

菊竹　入場者数が規制されている中では、リアルなチケットの値段が上がっていくことは仕方ないと思うし、出演者さんやイベンターさんにとっても大切なことだと思います。コロナ前のイベントも、最前列とかプレミアムな位置は価値が高い＝（イコール）値段が高い、という値付けでしたので、それに近いのかもしれません。

一方で、配信のチケット価格の設定は難しいですね。その時々の情勢を考慮して決定していくことになるかと思います。

＠ＪＡＭが夏にオンラインフェスを行い、その後ＴＩＦもオンラインを行いました。２０２０年は、これでオンラインをやり切ったので、２０２１年からは、お客さんを入れた、今まで通りの方向に少しでも戻れるように、ちょっとずつ小さな一歩を踏み出すという意味で、New Year Premium Party（NPP）はお客さんを入れてやりたいなと、今は思っています。

© TOKYO IDOL PROJECT

第四章：変化の時代に輝き与え続けるライブアイドル

10年携わってきて

少なくとも僕が若いころに活躍していたアイドルは、とてもじゃないけど身近な存在といえる人ではありませんでした。それが、AKB48を境に、それこそ会いに行けるアイドルというものが定着し、また、アイドルになれるチャンスも昔に比べたら格段に増えているわけで。ファンにとっても、アイドルを夢見る人にとっても、アイドルというのは間違いなく身近な存在になったと思います。

アイドルのライブを観る環境も整ってきました。それは通常のライブハウスだったり、昔ながらのインストアライブやデパートの屋上だったり。加えて数年前からは、メジャーロックフェスや、地域のローカルフェスにもアイドルが出演するようになって。

これまでのインディーズバンドのような、それらのバンド活動と同じようななかれを、今のライブアイドルがやり始めたので、どこのライブハウスに行ってもアイドルが観られる状況になってきた、本当にバンドシーンに似てきたというか。

ライブハウスに足を運べば、いつでもアイドルがライブをやっている。とにかく身近になったと感じるのが、この10年の印象ですか。ライブハウスも様変わりしてきたと思います。

そもそもライブハウスにしても、これまではバンドマンを中心に生計が成り立っていたような気がしますが、現在では半分以上がアイドルでスケジュールが埋まっているところもたくさんあるじゃないですか。そういう意味でいうと、音楽業界全体の流れも多少変わってきた気はします。

プロデュースをして感じたこと

アイドルを見てきている中、グループのプロデュースをされている方とも多くお会いしてきました。アイドルとして、そこでパフォーマンスしている子たちも大事ですが、プロデューサーの存在も欠かせないと個人的に思っています。

それは、野球やサッカーでいうところの監督的存在。フロントといわれる経営陣のほか、監督がいて、選手がいて、チームがある。そうしてチームがひとつになっている、というイメージでしょうか。

たとえば、当時のiDOLStreet[★1]を代表するように、エイベックス樋口さんがプロデューサーを務め、そこにSUPER☆GiRLS[★2]やCheeky Parade、GEMやわーすた[★3]がいて。樋口プロデューサーが中心となり、各グループのマネジメントやファンクラブ、楽曲チームやライブチームがひとつになって取り組んでいる。

一方で、アイドル界隈には、どう見てもマネージャーやA&Rの役割を超えていないのに〝プロデューサー〟と名乗っているところもあります。プロデューサーという響きがカッコイイ部分もあるのかもしれないですが、若干違和感ありながら見ています。

またプロデューサーの中には、元々自身がバンドマンだったり、ミュージシャンだったりで、自分の持っていた夢をアイドルに託す、みたいなこともよくあるんじゃないかと思っています。そういった人たちがプロデュースをするアイドルを見るたびに、楽曲にストイックだったり、音楽性がしっかりしていたりします。音楽に対する明確な想いやビジョンがあるチームは、勉強になることも多いし、頭が下

★1 iDOLStreet アイドルストリート。エイベックス・エンタテインメントのアイドル専門レコードレーベルまたそのプロジェクト。

★2 SUPER☆GiRLS スーパーガールズ。2010年に結成されたアイドルグループ。メンバーの変更を行いながら現在も活躍中。

★3 わーすた 2015年に結成されたダンス&ボーカルグループ。「わーすた」とは世界標準のThe World Standardの略称。

がります。

僕は、2014年に初めてアイドルのプロデューサーとして、ＰａｒｔｙＲｏｃｋｅｔｓというグループに携わりました。仙台と東京という距離のある仕事、また就任時は大黒柱の渡邉幸愛が卒業し、グループ結成以来のピンチ、という状況からのスタートでした。加えて、大人を信じていない中学生の反抗期（笑）。本当に大変でしたが、それでも初めて預かった娘たちだったので全力で向き合いました。

実は当時、パティロケは運営面でいろいろあって、ほぼ2年近くノーギャラでやっていましたが、それ以上に想いがあり愛情を注いだグループでした。

これまで多くのマネジメントからプロデュース依頼を頂きましたが、自身に依頼してくれる意味を考えたとき「これまでの経験を活かし、いかに目標に近づけるか」をテーマにしてきました。もちろん＠ＪＡＭという武器もあるので、ある程度はえこひいきしますが(笑)、そこはバランス取りながら節度を持ってやっています。

また、プロデュースにおいては基本、コンセプトやプランニング、音楽まわりには携わりますが、特典会のことはこれまで触れてきませんでした。というのも、あくまでも楽曲だったりパフォーマンスだったり、クリエイティブなところに注力し、ライブアイドルとして売れる方向を見つける作業をしたかったからです。チェキの話や握手会のルールなどはマネタイズの在り方だと思ってマネジメントへ一任してきましたが、もしかしたら今後は、その部分にもプロデュース力が問われるのかも？と思っています。

現在では、プロデューサーという肩書きでJewel☆Ciel[★4]と新グループのLeirA[★5]を、スーパーバイザーという立場で転校少女*[★6]、クリエイティブディレクターとしてJumping Kiss[★7]など、役割に応じてクレジットも変えながら取り組んでいます。

アイドルの卒業について

アイドルにとって卒業はつきものです。

卒業に対する考え方も時代の流れを経て少しずつ変わってきていると思いますが、だいたいアイドルが卒業するきっかけは、学校の節目だったり就職だったり、一般の人が人生を考えるタイミングと同じなのではないでしょうか。

★4 Jewel☆Ciel ジュエル・シエル。2018年活動開始。通称「しえる」。ArcJewelアイドルプロジェクト第3弾グループ。

★5 LeirA レイラ。2020年12月、香港発の芸能事務所STARZEONと@JAMがタッグを組み立ち上げた、新アイドルプロジェクトとそこから誕生したアイドルユニット。

★6 転校少女* テンコウショウジョ。2014年結成。デビュー当時は「転校少女歌撃団」として活動を行い、2018年に現在の「転校少女*」とグループ名を改名した。

★7 Jumping Kiss ジャンピングキス。大阪を拠点に活動をしていその進路を考えていく上で、本人が次のステップや、別のステップに進みたいと考えることは仕方のないことだと思います。では、卒業をしていくのは仕方ないとした場合、どうやってその後のグループで戦うか。

たとえば「新メンバー追加オーディション決定！」みたいに大々的にやるのも手だと思いますし、メンバーが辞めたまま戦う作戦だってある。戦略もいろいろありますよね。

ポイントは新陳代謝というものをどう捉えるかです。

結成当時のメンバーで、人数は減ってはいるけど、そのまま戦っているグループもあるし、一方では、次々とメンバーを入れ替えて、名前と楽曲だけ継続した状況で新陳代謝をしていくグループもあります。

当然、アイドルの人たちの中でも、ハマるグループとハマらないグループがあると思っています。辞めてほかのグループに移ることも普通にある話だと思うし、移った先で花咲くメンバーもいるわけで。正解はわからないですが、それぞれのグループやメンバー個人が、どこに向かっていきたいのか、ということではないでしょうか。

る、メンバーが小中学生からなるガールズユニット。

野球やサッカーのように、移籍先で、それまでとは違うポジションで活躍している選手も、やはりいるわけです。可能性の高いところで活躍が出来るなら、それはそれで有りなのかな、と考えています。

多分オーディションに関しては面接の際、女の子の素材力を見ています。原石力というか。だから単なるスキルだけではありません。歌は下手でもがんばって歌っていれば歌えるようになるし、ダンスも同様です。でも、なぜか人を引き付ける空気感とか雰囲気とか、そういう、努力じゃなくて持ち合わせているものって、あると思うのですが。そこをオーディションでは、なんとか見出そうとしています。

ファンの応援が力に

アイドルのプロデューサーとして、そのグループのファンはとても大事です。大事だし、当たり前ながら、ファンの人たちがグループを応援してくれているということが、とにかく大前提です。そこでは、僕たちがやろうとしていることを、いかに理解してくれて、応援してくれるかがポイントだと思っています。

以前、パティロケに携わっていた時は、運営側の意図を出来るだけ丁寧に、ファンの人たちに伝えたい、という方針で動いていました。

ファンの下支えがあってこその、アイドル活動ですから。ファンから認められないものをやってもしょうがないので、定期的に今後の活動報告を発表しながら一定の評価をしてもらい、それを受けて次のステップに持っていくということを大切にしていました。

でも、ファンの方々も変化してきています。目も肥えてくるし、耳も肥えてくる。またグループに何を期待させるかということも人によって違うかな、どうやって満足できるものを見せていくか。その想いは常に頭の中から消えません。

答えがない分、難しいけれど、ひたむきに応援してくださるファンの方々には、いつも助けられています。

戦える武器は決まっています。プロデューサーの立場からいうと、武器はメンバーとマネジメント、そしてファンの力。

僕が勝手に予算を無視して机上の空論いったところで始まらないし、持っている武器の中で戦わないといけない。そういう意味でいうと、ファンの力というのは、本当に大きな武器なんですよね。重ねてになってしまうけど、いかに賛同してもらいながら、時に驚いてもらったり。いかに盛り上げていくかということを意識して動いています。

一方、@ＪＡＭのプロデューサーとしてファンとの関係性を考えた場合は、大きくやり方が違ってきます。

そもそも、いわゆるオムニバスイベントというのは山ほどあるわけです。その山ほどあるイベントの中で「@ＪＡＭらしさとは何か」ということを追求していかなくてはならない。明確に差別化していくというか。でも、それを考えるときに向き合うべきファンというものが特定化されない。そのため誰に向けたものなのか、というものがつくりにくいという側面もあります。

その中にファンのみなさんから評判の悪い「再入場禁止」のルールがあります。これは@ＪＡＭ初期の段階より、自分の推し以外のグループも観て欲しいという狙いがありルールにして行ってきました。

正直、今のお客さんにとっては不便だろうなと思っています。

「ならばやめなさいよ」という声が聞こえてきそうですが、一方では「@ＪＡ

Mでは自分たち推しではない方も多く観てくれる」と、出演者側のモチベーションにつながっています。アイドルたちが「出たい！」と願い、良いパフォーマンスをしてもらうことも大事な要素と考えています。

毎回、イベントの開演前、出演者やマネジメントへの全体挨拶の際、「今日は再入場禁止としてお客さんには不便をかけていますが、その分多くの方に観て頂けるチャンスなので、みんなでいっしょに盛り上げましょう」と話し、一丸となってイベントをスタートさせています。

イベントとしては、出演者も、観に来てくれているファンの方も、どちらもお客さん。だから、必ずしもファンライクではなかったり、出演者ライクではなかったりとなってしまっています。ただし、どちらの満足度を優先するか、ということではなく、どちらもが楽しんでもらえるものは何か、をつくるため、そこはいつも葛藤しています。決して現状のままがベストと思っていないので、今後もみなさんと意見を交わしながら考えていきたいと思っています。

@JAMにあるレール

@JAMやFieldでは全員ラインナップ[★8]があります。そのため、オープニングやエンディングのリハーサルを行うのですが、そこで全員のスタッフ紹介をしています。今日の照明は誰、音響は誰さんです、舞台監督は誰で、カメラマンは誰です、といったように。おそらくそんなことやっているイベントは@JAMだけではないでしょうか。

そこで僕は必ず、今日、どういうコンディションでこの日を迎えたのか、チケットは売り切れているか、そうじゃないのか。今日を迎えるにあたり、こんなことやあんなことがあって、だから出演者のみなさんにはこのようにしてほしいです。と、お願い事とかも含め、出演者全員集まっているところでお話しさせてもらっています。

今日一日、出演者とスタッフ全員で来てくれたお客さんを楽しませましょうよ、ということを心がけて開催しています。裏ではそんなことにもこだわってやってい

★8 **全員ラインナップ**
ステージ上に出演者全員が横一列に並んでいること。

るところです。

僕自身、ＥＸＰＯの前後くらいから意識が変わっていきました。実は僕、ＥＸＰＯをやるまでは世間に名前も顔も出していませんでした。

だから、そこで開催しているイベントが、一体誰がやっているイベントなのか、わからなかったと思います。

ＥＸＰＯをやるにあたり、出せるものは何でも出そうという中、自分でも直接宣伝しないといけなくなったので、今はこうなってしまいましたが（汗）。

今では出たがりのようになってしまいましたが、それ以前から、バックヤードではとにかく＠ＪＡＭはこういう趣旨でやっています、ということを自身の口から伝えるべきではないか思い、出演者へは出来るだけ、主催者の顔が見えるイベントを心掛けてきました。

今日の出演者たちが「みんなで盛り上げていくぞ」ということをきちんとやりたかったのです。

多くの対バンイベントでは、一堂に会することもなく、時間がきたら歌い、終ったら帰るのが普通です。そのため、その日の出演者同士が会うこともなかったりで。こうなると、誰が誰のために楽しませようとしているイベントなのかが見えなくて、僕の考えるイベントコンセプトとは少し違ってくるというか。

人によっては、これを押し付けと感じるかもしれません。ただ、少なくとも僕のイベントでは、ファンのみなさんと同じように、出演者も＠ＪＡＭを楽しんでもらえるようなイベントをつくっていきたいと思っています。

それと、これは特に地方のアイドルさんに伝えたいのですが、どうかＥＸＰＯだけを目指さないでほしいと思っています。＠ＪＡＭにはシリーズがあって、出来るだけそれぞれにＲｏａｄ ｔｏ[★9]をつくっていきたいと思っているので、ＥＸＰＯ単体ではなく＠ＪＡＭ全体として捉えてほしいのです。

たとえば、＠ＪＡＭには基本的な日程の決まりごとがあって、ＰＡＲＴＹは毎月第二日曜日。Ｆｉｅｌｄは10月と2月の最終土曜日。＠ＪＡＭは5月の最終週の土日。ＥＸＰＯは8月の最終週。会場が取れないとか、よほどのことがない限りはこのルールでやっています。

これを決めた理由は「いつ何が行われるのか？」を出演者やお客さんに覚えてほしいからです。

★9 Road to
「〜への道」や「〜までの道のり」といった意味で使われる。目標が横アリであれば「Road to YOKOHAMA ARENA」となる。

@JAM PARTYに出演したグループが、次にFieldを目指したい。Fieldといえば10月と2月だよね、じゃあここに出たい、というようなやり取りが@JAMでは出来るのです。

そういうことを意識してほしいから、イベント開催日を変えないんです。これはほとんど動かしていません。

なので、本当の意味で@JAMに出演しグループの夢を叶えたいのであれば、このスケジュールに自分たちのプランニングを乗せて、どこに向かいたいのかを提案や相談してほしいし、考えてほしいなという思いがあります。もちろん僕らも考えていきたのですが、どのイベントでどういう見せ方をし、どうしていきたいかを教えてほしい、という感じです。

ただそこは、僕らの努力も足りないから、@JAMの全貌が地方のグループやすべてのマネジメントの方に理解されているわけではないと思います。今後も展開を続けながら、関係者の方にも理解していただく必要があると考えています。

@JAMのイベントとしては、こうしたこだわりを持ってやっています。そうやってこなければ、イベントは続いていなかったかもしれません。ファンのみなさんからは多くの叱咤激励もありましたが、ブレずにやってきてよかったのかな、と思っています。

全員が楽しんでもらえること

そういう意味でいうと＠ＪＡＭというのは、ヲタジャムから始まって＠ＪＡＭになり、Ｆｉｅｌｄがあって ＥＸＰＯがあって、ＮＥＸＴがＰＡＲＴＹになって。どんどん立て付けが増えてきて。もちろんのことながら、10年先のビジョンを考えてつくってきたブランディングではないのです。

常に建て増ししてつくってきたものなので「偉そうにいってるけど、ここはどうなのよ？」みたいなルール違いとかも正直あります。そこは大目に見てね、という気持ちです。

ルールを壊すのは簡単ですが、勇気もいります。どこかで一度きちんと今あるものを整理してスタイルを決めていかないと、なかなか大変ですね。

ただ、10年経って見直さないといけないことも当然あるわけで。そういうものは今後、改善というか進化させていく必要はあると思っています。

それから、公演中のルールについても、お客さんが楽しんでくれさえすれば、みんなが楽しんでくれれば僕は本来それでいいと思っています。その観点だけです。

個人的には、ジャンプしているとかは、盛り上がりのひとつとして常識の範囲内であれば、あってもいいのではないかと思っていたりもします。ただ、その常識の範囲を超えると「迷惑行為」となってしまう。

モッシュ[★10]やダイブ[★11]もそう。それが当たり前のグループならば、ワンマンでやっていても文句も出ないけど、ほかのグループと混ざったときには、それが迷惑だと思うお客さんも当然いるわけで。それがオムニバスの難しいところで、迷惑だという人がいたら、止めないといけないし、やめてもらわないといけない。それでも、多くの方が許容の中で楽しんでもらえているのなら、ある程度は許容されるのかなとも思ったりはしますが。

あと大事なことは事故。事故につながるような危険行為といわれるものは、絶対にあってはならないこと。

イベントの規模が大きくなればなるほど、いらっしゃるお客さんの人数も増え

★10 モッシュ
主にロック系のライブ会場で見られる行為。興奮した観客が密集した状態で体をぶつけあうこと。激しいおしくらまんじゅうのような行為。

★11 ダイブ
主にロック系のライブ会場で見られる行為。興奮した観客、またはアーティストがステージ上からホールに向かって飛び込むこと。

てきます。そこではさまざまに感じる方がいる以上、事故はもちろん、迷惑や危険な行為と思うことはすべて止めよう。という厳しい流れになってしまいます。

厳しくしてピリピリしたイベントよりは、ピースフルなイベントを目指していきたいのですが、むずかしいです。

投げ銭

SHOWROOM、ミクチャ、CHEERZ[★12]といった、いわゆる投げ銭[★13]のあるプラットフォームサービスがあります。そして、これらのサービスにはいろんな意見があって賛否あることも確かです。

投げ銭でのビジネスモデルでは、アイドルを対象にしたマーケットもあり、そこでは僕ら@JAMやTIFなどのフェスに出たいと願って、レースに身を投じて[★14]日々配信を行うグループがいます。本人たちやマネジメント含め、そこで勝負しようとなっているのであれば、僕らも彼女たちを応援しよう、という気持ちでいます。

一方、僕らがそのようなサービスを利用してフェスの出演枠を懸けた配信イベ

★12 CHEERZ
チアーズ。ユーザー参加型アイドル応援アプリ。

★13 投げ銭
ネット配信しているアイドルに対し、ユーザーの意思によってギフトと呼ばれるアイテムを投げて応援する行為。ギフトは有料で金額も様々。

★14 レースに身を投じて
出場枠や出演権を懸けた配信イベントに参加すること。

ントを行った場合「お金を出せば出演できるのか？」という議論が上がることもあります。でも、人が何かを応援しようというときにお金が動くことはビジネスの世界ではよくある話です。

クラウドファンディングのようなものではないでしょうか。もちろん、やりたくもないことに対し、投げ銭ビジネスに身を投じて戦っているアイドルやマネジメントがいるのであれば、それは話が違います。

たとえばアイドルが、イベントの出場権を懸けた戦いに覚悟をもって参加し、ファンの方と一緒にがんばろう、と決めたのであれば、がんばった分だけ夢をつかむ可能性があるということになるし、そのひとつとしてイベントが出口となって応援してあげるということは、少なくとも僕は必要なことだと思っています。

他方クラウドファンディングもコロナ禍において利用するグループも増えてきています。そういう意味においてもこの投げ銭ビジネスというか応援ビジネスをうまく活用しながら夢の実現やプロモーションの場所として利用してほしいと願っています。

@JAMでは「ミクチャpresents Road to @JAM EXPO」

や「横アリでちゃいまSHOWROOM」といった、出場権を懸けた配信イベントを行っています。これも、配信でがんばったグループをリアルなライブを経て、EXPOに出演してもらうというものですが、このイベントを通じて、二丁魁[★15]や転校少女*、Pimm's[★16]などのグループと出会うきっかけにもなりました。今では、いずれも押しも押されもせぬ素敵なグループです。こうして、本当にがんばっている人たちの夢を応援していくという取り組みは今後も続けていきます。

配信番組

先に紹介したミクチャやSHOWROOMですが、投げ銭機能のほか、誰でも視聴できるという大きな利点から、プロモーションの場としてとても有効なプラットフォームだと思っています。そのため、こうしたプラットフォームが立ち上がった当初から@JAMでは、アイドルが参加して宣伝できる場所、またイベントとしても告知発信の場として2014年にSHOWROOMで番組をスタートさせました。7月から、でんぱ組.incの古川未鈴と夢眠ねむを起用した「@JAM応援

★15 二丁魁
二丁目の魁カミングアウト（ニチョウメのサキガケかみんぐあうと）。2011年活動を開始。メンバー全員がゲイのアイドルグループ。2017年に「二丁ハロ」から現在の「二丁目の魁カミングアウト」に改名。

★16 Pimm's
ピムス。2012年に結成したアイドルグループ。メンバーの変更を経て現在はアーティストとして活動中。

宣言！萌えろ@エンジェルちゃん」、その後は10月よりiDOL Streetのメンバーを MCに起用した「@JAM応援宣言！@JAM THE WORLD」をスタート。2020年4月からはプラットホームをミクチャへ引っ越し、現在も続けて行っています（20年12月現在）。

思えば6年間、毎週欠かさずに番組配信を続けさせて頂いていることは感謝でしかないですね。

MCとして参加してくれる石丸千賀（現在は虹のコンキスタドール 大和明桜）をはじめスベリー杉田、そしてこの配信番組の大切さを理解して応援してくれるミクチャやスタッフのみなさん。本当に感謝しています。

今後も新しいメディアとして、そしてシーンでがんばる子たちを応援してあげられる場所として大切にしていきたいと考えています。

それともうひとつ、ここで毎月最終週に「アフタートーク」と称し、アイドルではなく運営さんを招いた特番を行っています。プロデューサーやマネジメントの方が、どういったプランでグループ運営を行っているか、どういうイメージで楽曲づくりを行っているかという、わりとマニアックな会話を交わすのですが、毎回そこそこ盛り上がるんです。

おじさんたちが集まって酒飲みながらワイワイ話すので画的には微妙なのですが（汗）、ここでしか聞けないぶっちゃけトークや本音トークばかりなので、今ではやってる方も楽しみにしている番組となっています。

海外ライブ

アイドルを海外に持って行こう、@ＪＡＭを海外に持って行こう、という、わりと大きなプロジェクトの下、香港と台湾でＫＡＷＡＩＩ ＰＯＰ ＦＥＳを何度か開催しました。それが大赤字で。けれどそれでもなお、日本のカルチャーを海外に持って行きたいという想いはありました。一方では、海外に進出したいアイドルのサポートをするという使命感もあったので。

そこで、当時はクールジャパンの助成金を活用し、アジア展開を行っていたのですが、それでも毎回厳しくて。

さすがにもうできないなと思っていたのですが、そのときに、日本で@ＪＡＭ

を観ていたという上海のプロモーターや香港のプロモーターが、救世主となって現れて「@ＪＡＭを我が都市でもやりたい」という話になったのです。結果、彼らがスポンサーとなり、資金援助を頂いてやれるようになったのが今のスタイルなのです。

引き続き海外にも目を向けながら、@ＪＡＭやアイドル文化を伝え、広めていくつもりですが、その一環として早速、２０２1年2月に@ＪＡＭはタイに進出します（新型コロナの影響から延期発表）。タイのＪＡＰＡＮ ＥＸＰＯと@ＪＡＭがコラボ、ということでステージを盛り上げていきます。@ＪＡＭに魅力を感じ、アジア各国から「いっしょにやりましょう」といっていただけているので、今後の展開についても楽しみが増えています。

至福のひとときき。@JAM のケータリングはアイドルの間でも評判が良い。

最終章：ライブアイドルの未来と可能性

@JAMの10年を振りかえって

僕が2011年に最初に開催した@JAMは、自分の想いを反映させた初めてのイベントでした。結果、多少の集客はありましたが、ビジネス的には全然ダメだったわけです。そこが自身の原点なので、今でもはっきりと覚えているし、想いも強いです。

翌年、渋谷のduo MUSIC EXCHANGEで開催した@JAM the Fieldもそうです。こちらもアイドルで始めた1回目のイベントということで、強烈に覚えています。その後のEXPOにしても、海外公演にしたって同じです。思い起こせば、ひとつひとつの出来事がよみがえってきます。

中でもEXPOに関していえば、一番鮮明に記憶しているのは、やっぱり2017年の@JAM EXPOです。次はないという状況の中、自分ひとりでほぼやり切った年。多くのグループのライブパフォーマンスや笑顔、そして涙。沢山のシーンが思い出されます。

これまで@JAMでは、僕なりにイベントのルールやあり方を決めてきました。こうしたい、こうあるべきだ、というものをつくってきましたが、今では関わる人も増え、特に2018年からは、日本テレビさんはじめ、レコチョクさんほか多くの企業が@JAMの製作委員会に参加してくれるようになりました。

そうやって、当時は本当に小さかった@JAMが10年続けてこれたことで、少しずつチームとなって成長していった。そんなふうに感じています。

特に2020年のオンラインフェスでは、各会場、各セクションに責任者がいて、彼らが自信と情熱を持ってやっているのを見て、いろいろな人の@JAMに育っていったのだと、感慨深かったです。

もちろん、何かあれば責任はすべて僕がとります。それがあっても〝@JAM〟という名前のもと、みんなが各々の立場でしっかりと動いてくれているので、この10年で本当に大きく変わったのだと感じています。

思えば2017年だって、ひとりでやり切った、なんていっていますが、各パートでは、多くのスタッフが一生懸命やってくれていたわけで、決してひとりではなかったんだと気づかされました。本当に感謝しかないです。

オンラインフェスで見えてきたこと

コロナ禍において、配信ライブで見えてきたことといえば、お客さんの熱量を感じられなかった、というのが率直な気持ちです。そういう意味でいうと、これは一方通行になってしまうので、これから先、配信のみでのライブビジネスが上向くかというと、個人的には上向く気はしません。

ですから、@ＪＡＭではオンラインのみのイベントは、もう二度とやりたいとは思わないです。

僕たちはライブをつくるプロとして、やっぱりお客さんがそこにいて、笑顔で盛り上がっている様を見たいと願っています。ということで、２０２０年に成功しましたといわれても、翌年、同じことをする気はまったくないです、と各所で話しています。

それはある意味、テレビを見ているのと同じ感覚ではないでしょうか。たとえばミュージックステーションを見ています。ＦＮＳ歌謡祭を見ています。みんなテレビの前で、そこで「ワーッ！」ってやらないですよね、コール[★1]とかＭＩＸ[★2]とか。お菓子食べながらのんびり見ちゃうと思うんです。

やはりその熱量と距離感と一体感というのは、オンラインとリアルライブでは全然違うのです。だから、オンラインライブの今後の可能性というのは、もちろん別ベクトルではあるのかもしれませんが、＠ＪＡＭのようなオムニバスイベントではちょっと難しいよね、というのが、あらためて浮き彫りになったというか。

ただ、特典会ビジネスというのもアイドル界にはあるので、そこはオンラインでの可能性が見えたのかな、と思っています。

結論として、今後のライブについては、しばらくはリアルと配信のハイブリッドがスタンダードになっていくと思います。配信もあるけど、リアルなお客さんもキチンと対策をとったうえで入れながらイベントを開催する、というのが当面のステップではないでしょうか。ただ、そこには熱量をもってリアルに参加しているお客さんと、熱量の伝わりにくい配信のお客さんが混在していることになります。いかにして会場内と変わらない熱量で配信ライブを届けられるか。どうやって共に良きコンテンツにしていけるか、ということが今後の課題だと感じています。

★1 コール
ざっくりいうと合いの手。曲の合間や間奏中に、ファンが推しメンの名前や歌詞に対するアンサーを情熱込めて推しメンに届くように叫ぶこと。

★2 Mix
ミックス。コールの一種。曲の前奏や間奏中に聞かれる言葉を並べた掛け声のこと。基本パターンとグループならではの変則パターンがある。

例年の@JAM EXPOだと、たとえば、グランドフィナーレの時間が近づいてくると、別の終了したステージから、お客さんが次々とストロベリーステージに集まってきて。同様にバックヤードでも所狭しと出演者たちが次々とステージ裏に集まり準備が始まっていきます。こうしてフェスに参加しているすべての人がストロベリーステージに集まってきて、最後のグランドフィナーレが行われるのです。

笑顔だったり、悔しさからの涙だったり。出演者や関係者の皆さんが、ステージ上で盛り上がったり、ハイタッチしたり。その熱量こそが、やはりフェスの醍醐味だと思ってしまいます。

一方で2020年の@JAM ONLINEFESTIVALに出演してくれたグループには、ステージ終了後「速やかに楽屋を出てくださいね」という感じで、主催として退室を促すわけです。次に入るグループのために楽屋の消毒も必要だし、出演者同士の触れ合いも基本なしでお願いしていたので。だからグループ同士、アイドル同士、いっしょに写真撮ることさえも極力避けてください、というお願いもしないといけない。残念だったけど仕方なかった。

このような状況で行っていたこともあり、バックヤードも静かで寂しいし、出演者もまるでお通夜のように無言で入退室して。10年間アイドルイベントの楽屋裏を見てきた者として、本当に寂しさを感じました。

でも、@JAMというイベント自体が、社内のコンプライアンスはもちろん、多くの方々の支えによって大きくなってきたので「そんなの関係ないからリアルでやろうよ」の一言では、やはりできないのです。

きちんと、いろいろなものが確認されていかないと。

そして、業界的な責任からも、@JAMからコロナウイルス感染者は出せません。そういう意味では、どうしても慎重にならざるを得ないというのはあります。でも、気持ちはお客さんを入れてやりたいのです。

そんな中、このフェスでうれしかったことを報告すると、僕からは何もお願いはしていなかったのですが、このフェスの大トリを務めてくれたでんぱ組．incが自分たちのステージ上で、@JAM EXPOのグランドフィナーレで歌われる、このフェスのテーマ曲「夢の砂〜a theme of @JAM〜」をアカペラで歌ってくれたんです。

なおかつ、彼女たちの曲中に等身大のあっとじゃむ君を呼び込んで、一緒にパフォーマンスをしてくれて。最後には、でんぱ組とあっとじゃむ君がラインナップして終わるという演出をつくってくれました。普段行われる@ＪＡＭ ＥＸＰＯの、本当にグランドフィナーレの再現ですよね。

それは彼女たちの粋な計らいでした。

今回のオンラインフェスがコロナのせいで粛々と終わってしまうのではなく、彼女たちがこれまでの10年の中、@ＪＡＭのこと、そしてイベントのことを理解してくれていたからこそ魅せてくれた最高のパフォーマンスだと思って、只々感謝でした。心底うれしかったし、この気持ちはずっと忘れません。

今後のこと

いつもは正月に発表してきたＥＸＰＯですが、２０２０年は中止したこともあり、出来るだけ早く発表しようと、オンラインフェスの最後に発表しました。

２０２１年は初めての3日間開催として、8月の27日、28日、29日、横浜アリーナで@ＪＡＭ ＥＸＰＯを行う予定です。まだまだコロナの状況は予断を許さないところですが、何とかして皆さんと楽しめる3日間にしたいと思っています。20年は中止となりましたが、14年から始まったEXPOも2021年で7回目を迎えます。

はからずも、このフェスを始めるきっかけとなった、TOKYO IDOL FESTIVAL。

そのTIFは、まぎれもなく世界一のアイドルフェスだと思います。EXPOも毎回TIFのすごいところを勉強させてもらいながら、肩を並べられるフェスになれるよう頑張っています。

「でも、年間を通して大小さまざまなシリーズイベントを行っている@JAMは、まぎれもなく日本一のアイドルイベントですよ」と、うれしい言葉を多くの方にかけていた頂き、それが今の原動力にもなっています。本当にありがたいし、うれしく思っています。

これからも多くのシリーズイベントを通じて、アイドルグループの下支えやシーンの活性化につながる貢献が出来るよう、しっかりと努力していきたいと考えています。

可能性を信じて

@JAMを10年続けてきて、その10年をひと言でってなかなかいい表せないのですが、あえていうなら「よく続けてきたなあ……」というのが正直なところです。それでも、10年継続してきたイベントでもあるので、ここからは自信を持ってまた新しい次の10年に向けてがんばっていきたいな、という想いもあります。

その中で、どう進化していくのか、どう見直しをしていくのか。もちろん、やりながら、走りながら、という話にはなっていきますが、たくさんのテーマと向き合っていくべきと考えています。

@JAMを始めて3年ほどは、とにかくがむしゃらにイベントの継続やフェスの成立を意識して行ってきました。2014年から開催したEXPOも、大型フェスとして認知されるようになってから7年になります。

このような時間を経て進化した@JAMですから、今後は、もっと大きなフェスとして行っていくのか、今あるフェスのかたちをしっかりと続けていくのか。海外も含めて、どう展開していくのか。テレビやメディアとの連動だってありますし。今あるすべての環境を踏まえて、＠ＪＡＭをどう成長させていくのか、可能性はまだまだあるはずです。

アイドルだってそう。あのときごいっしょした、ももいろクローバーＺだって、私立恵比寿中学だって、でんぱ組．ｉｎｃだって、みな10年活躍している。そのほかにも、たくさんのグループにお世話になったけど、今でも変化や進化をとげながら走り続けている。

そうしたグループたちががんばっている分だけ、僕らは恩返しや、出来ることを遂行していくべきだと思っています。

ライブアイドルがいる限り、今後も＠ＪＡＭはあり続けると共に、さらに進化し成長していきたいと思います。

おわりに

この本を手に取って頂き、そして読んで頂き、ありがとうございます。

今回、この本をつくるとなったとき、人生において初めてチャレンジする執筆作業ということで、とにかく書いては読み、読んでは直し、直しては書き、を何度も繰り返してきました。そして、長時間パソコンと向き合いながら、ＷＯＲＤにまとめたり、「記憶と時間軸は合っているかな？」や「これいつだっけ？」みたいなことを調べたり、ときに勉強したりと、ひたすら机に向かって、どうにか仕上げました。

普段は現場にいることも多いので、今回の経験は大変だったけど、とても楽しく、また貴重なものになりました。

本書での内容は、当時の想いを振り返りながら書いていったのですが、あらためて振り返ってみると、何とも学習しないアホな社員だったのだなと痛感しました。常に、黒か白、勝ちか負け、の世界ではないにしても、あまりにビジネスでの成功にこだわってこなかったのは、やっぱりダメですよね。本当に反省しました。

そんなアホな社員でしたが、良い会社、良い上司に恵まれたからこそ、赤字続きだった@JAM EXPOを見捨てずに続けさせてもらえたのだなとも思いました。本当に感謝です。

とはいえ、今さら社長や上司に面と向かって「ありがとうございました！」なんて、ちょっと恥ずかしくていえないので、この場を借りて御礼をしたいと思います。

これまで見限らずに見守っていただき、本当にありがとうございます。

この10年間、アイドルシーンと共に多くの時間を過ごしてきました。

ヲタJAMのときに43歳だった僕も、気がつけば50代に突入し、このシーンの中ではすっかり年配の部類、いい歳のおっさんになりました。

若いマネジメントやプロデューサーが活躍する、このシーンにおいては、ここから先、いくら経験や知識は豊富でも、それだけだといつかは邪魔な存在になってしまうかもしれません。

そういった意味では、これまでの10年間に感謝しながら、ここからのシーンに向けても胡坐をかくことなく、さらに前進していきたいと思っています。

まだまだ謙虚に勉強しながら、そしてずっと大切に感じてきた「努力と熱量」を忘れずに、今後も良いものをつくっていきたいと考えています。

最後に、この本をつくるにあたって、多くのみなさんにご協力頂きました。
まずは僕に出版の機会をくれて、あらゆる局面で縦横無尽に対応してくださった斎藤和昭さん、
コロナ禍においても変わらず発売していただいたユサブルの赤坂竜也さん、
すてきな装丁、そしてデザインをしてくれた杉浦慎哉さん、
そして、忙しい中にもかかわらず、快く対談を受けてくださったタワーレコード嶺脇育夫社長、
フジテレビTOKYO IDOL FESTIVALの菊竹龍さん、本当にありがとうございました。

そして、これまで一緒に@JAMをつくってきてくれた仲間、チームのみなさん、
制作・運営スタッフのみなさん、
出演してくれたアーティストのみなさん、
マネジメントのみなさん、

楽しんでくれたファンのみなさん、
関わってくれたすべての人に心から感謝しています。
重ねて、本当にありがとうございます。

2021年　早春

橋元恵一

パフォーマンスドール、虹のコンキスタドール、26 時のマスカレイド、FES ☆ TIVE、マジカル・パンチライン、monogatari、ラストアイドル、愛乙女☆ DOLL、ロッカジャポニカ、我儘ラキア、Menkoi ガールズ（オープニングアクト）、一撃必殺☆ぬこミミ族（青 SHUN 学園）、OBP、黒猫は星と踊る、鈴音ひとみ、PiXMiX 、アップアップガールズ (2)、BANZAI JAPAN、桃色革命

2019 年 1 月 3 日

出演：アイドルカレッジ、天晴れ！原宿、uijin、NGT48、大阪☆春夏秋冬、CY8ER、THERE THERE THERES、sora tob sakana、たこやきレインボー、Task have Fun、つりビット、転校少女 *、ナナランド、なんキニ !、二丁目の魁カミングアウト、NEO JAPONISM、バンドじゃないもん!MAXX NAKAYOSHI、Pimm's、フィロソフィーのダンス、predia、まねきケチャ、Maison book girl、ゆるめるモ !、鈴音ひとみ、空野青空、Purpure ☆ N.E.O、星乃ちろる、ニコニコ♡ LOVERS、Lily of the valley、クマリデパート、Jewel ☆ Ciel

TOKYO IDOL PROJECT × @JAM ニューイヤープレミアムパーティー 2020

2020 年 1 月 2 日

出演：アキシブ project、天晴れ！原宿、アップアップガールズ (仮)、アップアップガールズ (2)、新井ひとみ、WILL-O'、ukka、AKB48 Team 8、クマリデパート、CY8ER、tipToe.、Devil ANTHEM.、東京女子流、東京パフォーマンスドール、虹のコンキスタドール、26 時のマスカレイド、二丁目の魁カミングアウト、フィロソフィーのダンス、FES ☆ TIVE、BLACKNAZARENE、predia、マジカル・パンチライン、真っ白なキャンバス、monogatari、夢みるアドレセンス、ラストアイドル、Menkoi ガールズ（オープニングアクト）、黒猫は星と踊る、鈴音ひとみ、ピコピコ☆レボリューション、PinkySpice、LOVEReS、Lily of the valley、アップアップガールズ（プロレス）、なんキニ !、SPRISE- スプライズ -、ニコニコ♡ LOVERS 、The High Roller、未完成リップスパークル

2020 年 1 月 3 日

出演：アイドルカレッジ、Ange ☆ Reve、AKB48 フレッシュ選抜、大阪☆春夏秋冬、神宿、Jewel ☆ Ciel、神使轟く、激情の如く。、sora tob sakana、Task have Fun、Chu-Z、転校少女 *、22/7、ナナランド、≠ ME、Party Rockets GT、バンドじゃないもん！ MAXX NAKAYOSHI、Pimm's、BenjaminJasmine、B.O.L.T、まねきケチャ、眉村ちあき、MIGMA SHELTER、愛乙女☆ DOLL、lyrical school、わーすた、GEMS COMPANY（オープニングアクト）、手羽先センセーション、全力少女 R、chuLa、純粋カフェ・ラッテ、BANZAI JAPAN、ゑんら、青 SHUN 学園

JAPANARIZM（オープニングアクト）、tipToe.（オープニングアクト）
（2部）Appare!、アップアップガールズ（仮）、転校少女*、東京パフォーマンスドール、サンダルテレフォン（オープニングアクト）、SW!CH（オープニングアクト）

TOKYO IDOL PROJECT × @JAM ニューイヤープレミアムパーティー

@Zepp DiverCity（TOKYO）・@Zepp Tokyo・@フジテレビ関連施設

TOKYO IDOL PROJECT × @JAM ニューイヤープレミアムパーティー 2017

2017年1月2日

出演：アイドルカレッジ、アップアップガールズ（仮）、大阪☆春夏秋冬、神宿、callme、GEM、sora tob sakana、Cheeky Parade、東京パフォーマンスドール、Party Rockets GT、PASSPO☆、PiiiiiiiN、BiS、BiSH、ひめキュンフルーツ缶、ベイビーレイズJAPAN、妄想キャリブレーション、夢みるアドレセンス、愛乙女☆DOLL、lyrical school、晏美蘭、NAH、NATASHA、Ange☆Reve、煌めき☆アンフォレント、じぇるの!、Chu☆Oh!Dolly、dela、転校少女歌撃団、DREAMING MONSTER、ベボガ!（虹のコンキスタドール黄組）、Menkoiガールズ

2017年1月3日

出演：アイドルネッサンス、アキシブproject、あゆみくりかまき、AKB48 Team 8、SUPER☆GiRLS、チャオ ベッラ チンクエッティ、つりビット、Dorothy Little Happy、虹のコンキスタドール、PassCode、バンドじゃないもん!、FES☆TIVE、風男塾、predia、HELLRING乙女パート、マジカル・パンチライン、まねきケチャ、ゆるめるモ!、LinQ、わーすた、神宿、全力少女R、Purpure☆、ベボガ!（虹のコンキスタドール黄組）、桃色革命

TOKYO IDOL PROJECT × @JAM ニューイヤープレミアムパーティー 2018

2018年1月2日

出演：アイドルカレッジ、アイドルネッサンス、アキシブproject、アップアップガールズ（仮）、大阪☆春夏秋冬、神宿、GANG PARADE、callme、SUPER☆GiRLS、3B junior、There There Theres、sora tob sakana、つりビット、転校少女歌撃団、東京パフォーマンスドール、NATASHA 、Party Rockets GT 、PASSPO☆、BiS、predia、マジカル・パンチライン、夢みるアドレセンス、緑だってはじけ隊、アイロボプラスいたずらマイク、Flower Notes、アップアップガールズ（2）、ベボガ!（虹のコンキスタドール黄組）、アイドル諜報機関LEVEL7、APOKALIPPPS、さくらシンデレラ

2018年1月3日

出演：天晴れ!原宿、amiinA、あゆみくりかまき、Ange☆Reve、AKB48 Team 8、Task have Fun、Cheeky Parade、でんぱ組.inc、虹のコンキスタドール、26時のマスカレイド、二丁目の魁カミングアウト、バンドじゃないもん!、フィロソフィーのダンス、FES☆TIVE、ベボガ!（虹のコンキスタドール黄組）、まねきケチャ、Maison book girl、妄想キャリブレーション、夢みるアドレセンス、ゆるめるモ!、愛乙女☆DOLL、LinQ、わーすた、OS☆U、鈴音ひとみ、ティーンズ☆ヘブン、桃色革命、Jewel☆Neige、Chu☆Oh!Dolly、古川未鈴（でんぱ組.inc）、on and Go!

TOKYO IDOL PROJECT × @JAM ニューイヤープレミアムパーティー 2019

2019年1月2日

出演：アキシブproject、アップアップガールズ（仮）、amiinA、アメフラっシ、あゆみくりかまき、Ange☆Reve、=LOVE、AKB48 Team 8、神宿、煌めき☆アンフォレント、CROWN POP、桜エビ～ず、絶対直球女子!プレイボールズ、Chu-Z、東京

@JAM THE WORLD 春のジャムまつり！
2015年3月29日　@新宿BLAZE
MC：あっとじゃむ君、溝呂木世蘭（Cheeky Parade）、橋元恵一
出演：アイドルネッサンス、アップアップガールズ（仮）、GALETTe*、Cheeky Parade、drop、Party Rockets、Luce Twinkle Wink☆

@JAM THE WORLD 春のジャムまつり!2016
2016年4月3日　@新宿ReNY
MC：あっとじゃむ君、溝呂木世蘭（Cheeky Parade）、橋元恵一
出演：乙女新党、Party Rockets GT、Fullfull☆Pocket、アイドルネッサンス、神宿、Cheeky Parade、DIANNA☆SWEET、チョコレートストーリィズ（オープニングアクト）

@JAM THE WORLD 春のジャムまつり!2017
2017年4月1日　@新宿ReNY
MC：あっとじゃむ君、溝呂木世蘭（Cheeky Parade）、橋元恵一
出演：AIS-All Idol Songs-（2部のみ）、アイドルネッサンス（1部のみ）、神宿、Cheeky Parade、転校少女歌撃団、Party Rockets GT、Fullfull☆Pocket、Ruka（from SUPER☆GiRLS）（2部のみ）

@JAM THE WORLD 春のジャムまつり!2018
2018年4月15日　@新宿ReNY
MC：内村莉彩（SUPER☆GiRLS）、スベリー・マーキュリー、橋元恵一
出演：アイドルカレッジ（2部のみ）、Ange☆Reve、SUPER☆GiRLS 3期メンバー、つりビット、転校少女歌撃団、虹のコンキスタドール（2部のみ）、Party Rockets GT、Fullfull Pocket（1部のみ）、ベボガ！（1部のみ）

@JAM THE WORLD 春のジャムまつり!2019
2019年4月13日　@新宿BLAZE
MC：石丸千賀（SUPER☆GiRLS）、スベリー杉田、橋元恵一
出演：天晴れ！原宿、アップアップガールズ（仮）、アップアップガールズ（2）（2部のみ）、uijin、クマリデパート（1部のみ）、CROWN POP（1部のみ）、Jewel☆Ciel（2部のみ）、SUPER☆GiRLS、転校少女*、Fullfull Pocket（2部のみ）

@JAM THE WORLD 春のジャムまつり!2020
2020年4月11日　@新宿ReNY　コロナ感染拡大防止に伴う公演自粛のため中止

@JAM THE WORLD 秋のジャムまつり!2020
2020年11月29日　@新宿ReNY
MC：スベリー杉田、橋元恵一
出演：（1部）CROWN POP、Jewel☆Ciel、転校少女*、FES☆TIVE、まねきケチャ、Lily of the valley、Jumping Kiss（1部オープニングアクト）
（2部）アップアップガールズ（2）、Ange☆Reve、WILL-O'、クマリデパート、26時のマスカレイド、B.O.L.T、We=MUKASHIBANASHI（2部オープニングアクト）

秋葉原アイドルサーキット　vol.0
2020年11月3日　@AKIBAカルチャーズ劇場／神田明神ホール
出演：（1部）Jewel☆Ciel、ナナランド、虹のコンキスタドール、FES☆TIVE、

CROWN POP、Jewel ☆ Neige、神使轟く、激情の如く。、notall、Malcolm Mask McLaren、MIGMA SHELTER、夢みるアドレセンス、LinQ、OTMGirls（オープニングアクト）、アイドルカレッジ、=LOVE、HKT48、ZOC、転校少女*、東京女子流、東京パフォーマンスドール、≠ ME、まねきケチャ、眉村ちあき、REBIRTH（ウェルカムアクト）、Appare!、アップアップガールズ（仮）、ukka、煌めき☆アンフォレント、SUPER ☆ GiRLS、でんぱ組 .inc、ナナランド、虹のコンキスタドール、FES ☆ TIVE、ラストアイドル、松山あおい（ウェルカムアクト）、アイスクリーム夢少女、アクアノート、UP ローチ、いちぜん！、キミノマワリ。、クロスノエシス、サンダルテレフォン、JAPANARIZM、せかいシティ、# ババババンビ、MyDearDarlin'、夢幻クレッシェンド、レイドロイド、143 ∞、INUWASI、【eN】、開歌 - かいか -、カラフルスクリーム、きゃわふる TORNADO、Jumping Kiss、SW!CH、綺星★フィオレナード、戦国アニマル極楽浄土、chuLa、// ネコプラ //、NEMURIORCA、PANDAMIC、MELiSSA、リルネード、S.T.O（@JAM ナビゲーター）、るかりな（@JAM ナビゲーター）、ジョイマン、ダイノジ、スベリー杉田、高見奈央（元ベイビーレイズ JAPAN）

関連イベント

QUATTRO MIRAGE vs @JAM Vol.1

2014 年 2 月 24 日～ 27 日、3 月 3 日～ 6 日　@ 渋谷 CLUB QUATTRO
2014 年 2 月 24 日　ねごと× Dorothy Little Happy
2014 年 2 月 25 日　赤い公園×アップアップガールズ（仮）
2014 年 2 月 26 日　cinema staff × BiS
2014 年 2 月 27 日　忘れらんねえよ×ひめキュンフルーツ缶
2014 年 3 月 3 日　髭× BELLRING 少女ハート
2014 年 3 月 4 日　アルカラ×ベイビーレイズ
2014 年 3 月 5 日　グッドモーニングアメリカ×でんぱ組 .inc
2014 年 3 月 6 日　SPYAIR × Cheeky Parade

DOUBLE COLOR

@ 新宿 BLAZE
session1　2014 年 4 月 24 日　アップアップガールズ（仮）、東京女子流
session2　2014 年 6 月 19 日　Dorothy Little Happy、ベイビーレイズ
session3　～ @ JAM EXPO 直前スペシャル～　2014 年 8 月 21 日　Party Rockets、DIANNA ☆ SWEET
session4　2014 年 10 月 23 日　Cheeky Parade、THE ポッシボー
session5　2014 年 12 月 17 日　アップアップガールズ(仮)、妄想キャリブレーション
session6　2015 年 2 月 18 日　LinQ、夢みるアドレセンス
session7　2015 年 6 月 25 日　乙女新党、東京パフォーマンスドール、晏美蘭（ゲスト）
session8　～@ JAM EXPO直前スペシャル～　2015年8月20日　アイドルネッサンス、drop、わーすた
session9　2015 年 10 月 22 日　Dorothy Little Happy、lyrical school
session10　2015 年 12 月 15 日　PASSPO ☆、風男塾
session11　2016 年 2 月 18 日　アイドルネッサンス、カントリー・ガールズ
session12 by Good Vibrations CROWS　2016 年 4 月 21 日　アップアップガールズ（仮）、BELLRING 少女ハート

桃音まい、上月せれな、KRD8、黒猫は星と踊る（ウェルカムアクト）、ラストアイドル、LAVILITH with 旋律 MerryRonde、Lily of the valley、リリシック学園（ウェルカムアクト）、LinQ、Lollipop、愛乙女☆DOLL、Lovelys、Luce Twinkle Wink☆、lyrical school、マジカル・パンチライン、MAJIBANCH、Malcolm Mask McLaren、まねきケチャ、真っ白なキャンバス、眉村ちあき、MerryCute（ウェルカムアクト）、MIGMA SHELTER、未完成リップスパークル、Mi☆nA、桃色革命、monogatari、ナナランド、22/7、なんきんペッパー、ネコプラ∞、NGT48、二丁目の魁カミングアウト、虹色の飛行少女、虹のコンキスタドール、26時のマスカレイド、NMB48、乃木坂46 4期生、notall、≠ME、nuance、OBP、大阪☆春夏秋冬、P-Loco（ウェルカムアクト）、パンダみっく、Party Rockets GT、パクスプエラ、PiiiiiiiN、Pimm's、PiXMiX、predia、QUEENS、クマリデパート、raymay、READY TO KISS、RIOT BABY、RYUTist、さくらシンデレラ、桜エビ～ず、桜Z女（ウェルカムアクト）、サクヤコノハナ、SAY-LA、青春高校アイドル部、青SHUN学園、神使轟く、激情の如く。、SKE48、sora tob sakana、Spindle（ウェルカムアクト）、STU48、さんみゅ～、SUPER☆GiRLS、SWEAT16!（from タイ）、Task have Fun、手羽先センセーション、転校少女*、寺嶋由芙、わーすた、tipToe.、ときめき♡宣伝部、東京女子流、Tokyo Rockets、東京パフォーマンスドール、つぼみ大革命、uijin、アップアップガールズ（仮）、アップアップガールズ（2）、アップアップガールズ（プロレス）、我儘ラキア、WHY@DOLL、WILL-O'、ヲルタナティヴ、ワンダーウィード、ゑんら、Yamakatsu、ヤなことそっとミュート、病ンドル（ウェルカムアクト）、ゆるめるモ!、夢みるアドレセンス、全力少女R、絶対直球女子！プレイボールズ、ZOC、R2K（@JAM ナビゲーター）、@JAM ALLSTARS 2019　from ミクチャステージ：GUN 'g' BUBBLE、i*chip_memory、ヤンチャン学園音楽部、 from クレディセゾン：東池袋52

@JAM ONLINE FESTIVAL 2020

2020年8月29・30日　@横浜MMブロンテ、@AKIBAカルチャーズ劇場、@白金高輪SELENE b2、@Zepp Tokyo、@Zepp DiverCity(TOKYO)、@Future SEVEN

@JAM ナビゲーター：「るかりな」土光瑠璃子（FES☆TIVE）、的場華鈴（虹のコンキスタドール）、樋口なづな（SUPER GiRLS）
「S.T.O」里仲菜月（Task have Fun）、竹腰くるみ（Devil ANTHEM.）、小野寺梓（真っ白なキャンバス）
出演：あっとせぶんてぃーん、イケてるハーツ、くるーず～CRUiSE！、上月せれな、さくらシンデレラ、青SHUN学園、つぼみ大革命、DESURABBITS、dela、nuance、Awww!、CoverGirls、吉川友、QUEENS、Jewel☆Rouge、CYNHN、手羽先センセーション、寺嶋由芙、BYOB、Lily of the valley、アキシブproject、WILL-O'、Jewel☆Ciel、純情のアフィリア、Chu-Z、DEAR KISS、Pimm's、BenjaminJasmine、B.O.L.T、Luce Twinkle Wink☆、野々宮のの（ウェルカムアクト）、アップアップガールズ（2）、AKB48、AKB48 Team 8、大阪☆春夏秋冬、CY8ER、26時のマスカレイド、バンドじゃないもん！MAXX NAKAYOSHI、フィロソフィーのダンス、predia、マジカル・パンチライン、Pretty Ash（ウェルカムアクト）、アメフラっシ、あゆみくりかまき、Ange☆Reve、NGT48、私立恵比寿中学、sora tob sakana、Task have Fun、Devil ANTHEM.、22/7、真っ白なキャンバス、Chou2Precede（ウェルカムアクト）、アップアップガールズ（プロレス）、九州女子翼、KRD8、サクヤコノハナ、じゅじゅ、SAY-LA、NILKLY、buGG、READY TO KISS、ゑんら、ENGAG.ING、グーグールル、kolme、全力少女R、DREAMING MONSTER、二丁目の魁カミングアウト、PiXMiX、Fragrant Drive、meme tokyo.、Yamakatsu、クマリデパート、

Twinkle Wink ☆、lyrical school、マジカル・パンチライン、Maison book girl、マジェスティックセブン、Malcolm Mask McLaren、まねきケチャ、松山あおい（ウェルカムアクト）、MIGMA SHELTER、ミライスカート、MissMoa.、monogatari、妄想キャリブレーション、ナナランド、なんキニ!、なんきんペッパー、Negicco、NEO JAPONISM、NGT48、二丁目の魁カミングアウト、虹色 fan ふぁーれ ミライグミ 06（ウェルカムアクト）、虹のコンキスタドール、26 時のマスカレイド、9nine、notall、奥澤村、大阪☆春夏秋冬、パンダみっく、Party Rockets GT、PASSPO ☆、パクスプエラ、フィロソフィーのダンス、ぴーおん♡（ウェルカムアクト）、PiiiiiiN、Pimm's、POEM（ウェルカムアクト）、predia、クマリデパート、RIOT BABY、ロッカジャポニカ、RYUTist、さきどり発進局、さくちゃんとじぃじ、さくらシンデレラ、桜エビ〜ず、青 SHUN 学園、Shine Fine Movement、私立恵比寿中学、Sola Sound、sora tob sakana、STU48、さんみゅ〜、SUPER ☆ GiRLS、鈴音ひとみ（ウェルカムアクト）、終演後物販卍、Task have Fun、チームしゃちほこ、転校少女 *、寺嶋由芙、THERE THERE THERES、3B junior、tipToe.、東京女子流、東京 CuteCute、東京パフォーマンスドール、TOY SMILEY、TPD DASH!!、つりビット、uijin、アップアップガールズ（仮）、アップアップガールズ（2）、アップアップガールズ（プロレス）、我儘ラキア、WHY@DOLL、WILL-O'、ヲルタナティヴ、ワンダーウィード、わーすた、ゑんら、Yamakatsu、ヤなことそっとミュート、ユフ♬マリ、夢みるアドレセンス、ゆるめるモ!、全力少女 R、絶対直球女子！プレイボールズ、@JAM ALL STARS 2018、MEY (@JAM ナビゲーター)
From JT STUDIO ステージ：かぷりす、カラフルスクリーム、はっぴっぴ、櫻井優衣、TOKYO SWEET PARTY　from ミクチャステージ：恋するフリーク、大宮 I ☆ DOLL、ピコピコ☆レボリューション、ワガママきいて ??、代々木女子音楽院　from クレディセゾン：東池袋 52　OBP（日本テレビ主催『汐留ロコドル甲子園 2018』優勝枠）

@JAM EXPO 2019

2019 年 8 月 24・25 日　@ 横浜アリーナ
総合司会：高見奈央、森詩織
親善大使：古川未鈴
@JAM ナビゲーター：「R2K」塩川莉世（転校少女 *）、来栖りん（26 時のマスカレイド）、白岡今日花（Task have Fun）
@JAM ALLSTARS 2019：奥津マリリ（フィロソフィーのダンス）、吉川友、成瀬瑛美（でんぱ組 .inc）、ぺいにゃむにゃむ（二丁目の魁カミングアウト）、前田ゆう（predia）
出演：ael- アエル -、赤の流星、AKB48 フレッシュ選抜、AKB48 Team8、アキシブ project、amiinA、Ange ☆ Reve、アンジュルム、天晴れ！原宿、あそびダンジョン、あゆみくりかまき、バクステ外神田一丁目、バンドじゃないもん !MAXX NAKAYOSHI、BANZAI JAPAN、ばってん少女隊、BenjaminJasmine、BEYOOOOONDS、BYOB、開歌 - かいか -、Chu-Z、Chuning Candy、Chu ☆ Oh!Dolly、CoverGirls、CROWN POP、くるーず〜 CRUiSE!、CY8ER、CYNHN、フィロソフィーのダンス、DEAR KISS、ディア☆、dela、でんぱ組 .inc、DESURABBITS、Devil ANTHEM.、DJ ダイノジ、Dorothy Little Happy、DREAMING MONSTER、ENGAG.ING、=LOVE、ER Я OR（from 香港）、FES ☆ TIVE、Fullfull Pocket、グーグールル、はちみつロケット、ハコイリ♡ムスメ、原田珠々華、ハープスター、ヒカリキミヲテラス（ウェルカムアクト）、ひめキュンフルーツ缶、日向坂 46、HKT48、いちぜん！（ウェルカムアクト）、アイドルカレッジ、アイドル ING!!!、いぎなり東北産、イケてるハーツ、IVOLVE、Jewel ☆ Ciel、Jewel ☆ Neige、Jewel ☆ Rouge、純情のアフィリア、じゅじゅ、神宿、風光ル梟、吉川友、煌めき☆アンフォレント、kolme、小ルカムアクト）、Menkoi ガールズ、MIGMA SHELTER、ミルクス本物 with いとしのリトルシスターズ、ミライスカート、桃色革命、妄想キャリブレーション、むすびズム、NATASHA、Negicco、NERFY GUINER BIEBER、NEVE SLIDE DOWN、NGT48、二丁目の魁カミングアウト、虹色 fan ふぁーれ（ウェルカムアクト）、26 時のマスカレイド、9nine、虹のコンキスタドール、notall、奥澤村、on and Go!、OnePixcel、大阪☆春夏秋冬、オトメブレイヴ、P.IDL、PALET、パンダみっく、Party Rockets GT、PassCode、PASSPO ☆、フィロソフィーのダンス、Pimm's、ピンキー！ノーラ&ペトラ、+tic color（ウェルカムアクト）、POEM（ウェルカムアクト）、PPP!PiXiON、predia、PREDIANNA、ぷちぱすぽ☆、ぴゅあ娘、クマリデパート、RIOT BABY、ロッカジャポニカ、RYUTist、さくちゃんとじぃじ、さくらシンデレラ、桜エビ～ず、さんみゅ～、青 SHUN 学園、閃光プラネタゲート、閃光ロードショー、Shibu3 project、シンセカイセン、SiAM&POPTUNe、私立恵比寿中学、Sola Sound、sora tob sakana、S ★スパイシー、Star ☆ T、Stella ☆ Beats、STU48、SUPER ☆ GiRLS、鈴音ひとみ（ウェルカムアクト）、終演後物販、Task have Fun、転校少女歌撃団、寺嶋由芙、The Idol Formerly Known As LADYBABY、THE 夏 の 魔 物、There There Theres、3B junior、ときめき♡宣伝部、東京女子流、東京パフォーマンスドール、東京 CuteCute、Tokyo Rockets、2o Love to Sweet Bullet、TOY SMILEY（ウェルカムアクト）、TPD DASH!!、つりビット、上野優華、uijin、アップアップガールズ（仮）、アップアップガールズ（2)、バニラビーンズ、バーサスキッズ、WHY@DOLL、With Love（ウェルカムアクト）、ヲルタナティヴ、わーすた、X21、山口活性学園、ヤなことそっとミュート、ゆくえしれずつれづれ、夢みるアドレセンス、ゆるめるモ!、ぜんぶ君のせいだ。、全力少女 R、絶対直球女子！プレイボールズ、純粋カフェ・ラッテ（ウェルカムアクト）、@JAM ALLSTARS 2017、Dorothy Little Happy、古川未鈴（でんぱ組 .inc)、GALETTe*、成瀬瑛美 (でんぱ組 .inc)、Party Rockets、サクラノユメ。、東池袋 52 (from クレディセゾン)、i ＊ chip memory、東京 flavor

@JAM EXPO 2018

2018 年 8 月 25・26 日　@ 横浜アリーナ

総合司会：寺嶋由芙
親善大使：古川未鈴
@JAM ナビゲーター:「MEY（メイ)」鶴見萌（虹のコンキスタドール)、安藤笑（Jewel ☆ Ciel)、沖口優奈（マジカル・パンチライン）
@JAM ALLSTARS 2018：熊澤風花（Task have Fun)、根本凪（でんぱ組 .inc)、MAINA（大阪☆春夏秋冬)、まき（あゆみくりかまき)、松下玲緒菜（まねきケチャ）
出演：AIS-All Idol Songs-、AKB48、AKB48 Team8、アキシブ project、amiinA、Ange ☆ Reve、天晴れ！原宿、アリエルプロジェクト、あゆみくりかまき、ベイビーレイズ JAPAN、バンドじゃないもん!、ばってん少女隊、ベボガ!、callme、Cherish ～ちぇりっしゅ～（ウェルカムアクト)、Chu-Z、Chu ☆ Oh!Dolly、CROWN POP、CY8ER、CYNHN、DEAR KISS、でんぱ組 .inc、です。ラビッツ、Devil ANTHEM.、DJ ダイノジ (大谷ノブ彦)、Dorothy Little Happy、ENGAG.ING、=LOVE、FES ☆ TIVE、Fullfull Pocket、GEO アイドル部（ウェルカムアクト)、恥じらいレスキュー JPN、ハコイリ♡ムスメ、原田珠々華、ひめキュンフルーツ缶、星名はる（ウェルカムアクト)、アイドル ING!!!、アイドルカレッジ、いぎなり東北産、イケてるハーツ、IVOLVE、Jewel ☆ Ciel、Jewel ☆ Neige、Jewel ☆ Rouge、Juice=Juice、じゅじゅ、純情のアフィリア、神宿、風光ル梟、吉川友、煌めき☆アンフォレント、こぶしファクトリー、黒猫は星と踊る（ウェルカムアクト)、LADYBABY、La ❀花ノたみ、ラストアイドルファミリー、リーフシトロン、LinQ、愛乙女☆ DOLL、Lovelys、Luce

ニングアクト）、PiiiiiiN、Pimm's（オープニングアクト）、POLYSICS、PPP!PiXiON、predia、PREDIANNA、ぷちぱすぽ☆、ロッカジャポニカ、RYUTist、桜エビ～ず、さますと、サンミニ、さんみゅ～、青SHUN学園、志田サマー新井サマー、神聖かまってちゃん、私立恵比寿中学、SiAM&POPTUNe、sora tob sakana、SPYAIR、S★スパイシー、STARMARIE、Star☆T、Stella☆Beats、SUPER flavor（オープニングアクト）、SUPER☆GiRLS、すとゅらみっChu、鈴音ひとみ（オープニングアクト）、転校少女歌撃団、寺嶋由芙、The High Roller（オープニングアクト）、The Idol Formerly Known As LADYBABY、ザ・チャレンジ、THE HOOPERS、THEイナズマ戦隊、3B junior、ときめき♡宣伝部、Tokyo Cheer②Party、東京女子流、東京パフォーマンスドール、TPD DASH!!、つりビット、2o Love to Sweet Bullet、上野優華、アップアップガールズ（仮）、WHY@DOLL、Wienners、わーすた、X21、山口活性学園アイドル部、吉田凜音、ユフ♬マリ、夢みるアドレセンス、ゆるめるモ!、ぜんぶ君のせいだ。、@JAM ALL STARS 2016、NAH（@JAMナビゲーター）、NATASHA、Chu☆Oh！Dolly、DREAMING MONSTER、煌めき☆アンフォレント、平野友里、ピンク・ベイビーズ、Purpure☆、Vienolossi

@JAM EXPO 2017
2017年8月26・27日　@横浜アリーナ
総合司会：古川未鈴
@JAMナビゲーター：「サクラノユメ。」安藤咲桜（つりビット）、一ノ瀬みか（神宿）、阿部夢梨（SUPER☆GiRLS）
@JAM ALLSTARS 2016：神崎風花（sora tob sakana）、小山ひな（神宿）、佐保明梨（アップアップガールズ（仮））、上西星来（東京パフォーマンスドール）、廣川奈々聖（わーすた）
Expo Dream Stage：一日限りの復活ユニット
Party Rockets（吉木悠佳・菊地史夏（Party Rockets GT）、渡邉幸愛（SUPER☆GiRLS）、藤田あかり（Stella☆Beats））
GALETTe*（四島早紀・ののこ（DEAR KISS）、古森結衣（転校少女歌撃団））
Dorothy Little Happy（髙橋麻里、白戸佳奈（2017年7月卒業）、秋元瑠海・富永美杜・早坂香美（callme））
出演：AIS-All Idol Songs-、赤マルダッシュ☆、赤の流星、AKB48 Team 8、アキシブproject、amiinA、Ange☆Reve、ANNA☆S、APOKALIPPPS、アリエルプロジェクト（from香港）、@17、あゆみくりかまき、ベイビーレイズJAPAN、バンドじゃないもん！、ばってん少女隊、べボガ！（虹のコンキスタドール黄組）、callme、キャンディzoo、Cheeky Parade、Chu-Z、Chu☆Oh!Dolly、チャオ ベッラ チンクエッティ、*ココロモヨヲ*（ウェルカムアクト）、CROWN POP、DEAR KISS、ディア☆、Devil ANTHEM.、DJダイノジ、Dorothy Little Happy、drop、エラバレシ、FES☆TIVE、フラップガールズスクール、フルーティー、Fullfull☆Pocket、GANG PARADE、GEM、ぐーちょきぱー、はっちゃけ隊 from PASSPO☆、はちみつロケット、ハコイリ♡ムスメ、HAPPY♡ANNIVERSARY（ウェルカムアクト）、原宿物語、ひめキュン蝦夷乃無頼缶、ひめキュンフルーツ缶、いちごみるく色に染まりたい、Idol School（中国語：Idol School）（from上海）、アイドルカレッジ、アイドルネッサンス、アイドル諜報機関LEVEL7、イケてるハーツ、じぇるの!、JK21R、Juice=Juice、純情のアフィリア、じゅじゅ、神宿、KAMOがネギをしょってくるッ!!!、カプ式会社ハイパーモチベーション、風光ル梟、吉川友、La PomPon、リーフシトロン、レッツポコポコ、LinQ、愛乙女☆DOLL、lyrical school、Magical Ban☆Bang、マジカル・パンチライン、Maison book girl、マジェスティックセブン、まねきケチャ、MAPLEZ、松山あおい（ウェん、nanoCUNE、二丁ハロ、9nine、乙女新党、P.IDL、Party Rockets、PASSPO☆、PassCode、PiiiiiiiN、POP、predia、PREDIANNA、ぷちぱすぽ☆、READY TO KISS、吉田凜音、RYUTist、S★スパイシー、さくら学院、青SHUN学園、私立恵比寿中学、SiAM&POPTUNe、Stand-Up! Hearts、Star☆T、STARMARIE、Stella☆Beats、さんみゅ～、SUPER☆GiRLS、サンミニ、転校少女歌撃団、わーすた、Tick☆tik、とちおとめ25、Tokyo Cheer② Party、東京パフォーマンスドール、東京ロケッツ、TPD DASH!!、月と太陽、つりビット、アップアップガールズ（仮）、VERSUS KIDS、VibeS、マボロシ可憐GeNE、Whoop!e whoop!e、WHY@DOLL、X21、山口活性学園アイドル部、ゆるめるモ！、寺嶋由芙、ユフ♬マリ、夢みるアドレセンス、ずんね from JC-WC（蒼波純、吉田凜音）、@JAM ALLSTARS 2015、晏美蘭（@JAMナビゲーター）

@JAM×ナタリー EXPO 2016

2016年9月24・25日　@幕張メッセ国際展示場9～11ホール

@JAMナビゲーター：「NAH（エヌエーエイチ）」高見奈央（ベイビーレイズJAPAN）、脇あかり（東京パフォーマンスドール）、吉木悠佳（Party Rockets GT）

@JAM ALLSTARS 2016：京佳（夢みるアドレセンス）、森詩織（PASSPO☆）、古川未鈴（でんぱ組.inc）、渡邉幸愛（SUPER☆GiRLS）、村田寛奈（9nine）

ナタリー選抜ユニット「NATASHA（ナターシャ）」：湊あかね（predia）、鈴木友梨耶（Cheeky Parade）、セントチヒロ・チッチ（BiSH）、MAINA（大阪☆春夏秋冬）、吉田凜音

出演：アフィリア・サーガ、AIS-All Idol Songs-、あかぎ団（オープニングアクト）、赤マルダッシュ☆、アキシブproject、Ange☆Reve、晏美蘭、ANNA☆S、アリエルプロジェクト（from香港）、ベイビーレイズJAPAN、バクステ外神田一丁目、バンドじゃないもん！、バニラビーンズ、バーサスキッズ＆ぐるぐるPUNCH、ばってん少女隊、ベボガ！（虹のコンキスタドール黄組）、BELLRING少女ハート、BILLIE IDLE®、BiS、BiSH、Bitter & Sweet、BRADIO、callme、CAMOUFLAGE、Cheeky Parade、超特急、チャオ ベッラ チンクエッティ、カントリー・ガールズ、Cupitron、ディア☆、でんぱ組.inc、Devil ANTHEM.、DIANNA☆SWEET、DJ KOO 、DJダイノジ、Dorothy Little Happy、drop、どるせん from TPD、elfin'、エラバレシ、FES☆TIVE、フラップガールズスクール、FRUITPOCHETTE、風男塾、Fullfull☆Pocket、GANG PARADE、GEM、はっちゃけ隊 from PASSPO☆、はちきんガールズ石川彩楓（オープニングアクト）、はちみつロケット、ハコイリ♡ムスメ、春奈るな、Hauptharmonie、ひめキュンフルーツ缶、放課後プリンセス、アイスクリーム☆キララ from いきなりアイドルプロジェクト（オープニングアクト）、アイドルカレッジ、アイドルネッサンス、イケてるハーツ、J☆Dee'Z、じぇるの！、JK21R、じゅじゅ、神宿、欅坂46、吉川友、Kiss Bee、クマリデパート、クロユリ from 夏の魔物、La PomPon、リーフシトロン、LinQ、愛乙女☆DOLL、Luce Twinkle Wink☆、Lunar（from上海）、lyrical school、マボロシ可憐GeNE、Magical Ban☆Bang、マジカル・パンチライン、魔法少女になり隊、Maison book girl、マジェスティックセブン、まなみのりさ、まねきケチャ、MAPLEZ、メチャハイ♡、Menkoiガールズ（オープニングアクト）、ミライスカート、ミルクス本物、桃色革命、妄想キャリブレーション、むすびズム、生ハムと焼うどん、nanoRider、夏の魔物、Negicco、ニァピン、二丁ハロ、虹色fanふぁーれ（オープニングアクト）、9nine、虹のコンキスタドール、notall、奥澤村、on and Go!、OnePixcel、ONIGAWARA、大阪☆春夏秋冬、お掃除ユニットCLEAR'S、オトメブレイヴ、パクスプエラ、palet、Party Rockets GT、PassCode、PASSPO☆、プティパ-petit pas!-、フィロソフィーのダンス、P.IDL、PiGU（オープ

@JAM ALLSTARS 2014：相沢梨紗（でんぱ組.inc)、新井ひとみ（東京女子流)、髙橋麻里（Dorothy Little Happy)、鈴木真梨耶（Cheeky Parade)、関根梓（アップアップガールズ（仮））
出演：AeLL.、AIZENN、赤マルダッシュ☆、amorecarina、Ange☆Reve、ANNA☆S、青山☆聖ハチャメチャハイスクール、あゆみくりかまき、ベイビーレイズ、BELLRING少女ハート、Bitter & Sweet、キャラメル☆リボン、CAMOUFLAGE、Cheeky Parade、choco☆milQ、Chu-Z、虹のコンキスタドール、Cupitron、Dancing Dolls、でんぱ組.inc、DIANNA☆SWEET、DJダイノジ、DJ和（かず)、Doll☆Elements、Dorothy Little Happy、drop、Faint★Star、フラップガールズスクール、FRUITPOCHETTE、フルーティー、GALETTe*、GEM、hanarichu、Happy Dance、HGS、ひめキュンフルーツ缶、ひろしまMAPLE★S、放課後プリンセス、アイドルカレッジ、アイドルネッサンス、iDOL Street ストリート生「e-Street選抜」、iDOL Street ストリート生「w-Street選抜」、i☆Ris、アイリス、いずこねこ、Jewel Kiss、JK21、JKT48、吉川友、からっと☆、けみお＆アミーガチュ、LinQ、愛乙女★DOLL、Luce Twinkle Wink☆、lyrical school、小桃音まい、まなみのりさ、Maria、mlmi、妄想キャリブレーション、nanoCUNE、Negicco、二丁ハロ、乙女新党、palet、Party Rockets、PASSPO☆、プラニメ、PPP!PiXiON、predia、Prizmmy☆、吉田凜音、柊木りお、さくら学院、さくら学院クッキング部 ミニパティ、青SHUN学園、青春！トロピカル丸、せのしすたぁ、しず風＆絆～KIZUNA～、SiAM&POPTUNe、SO.ON project、STARMARIE、Star☆T、Stella☆Beats、さんみゅ～、SUPER☆GiRLS、THE ポッシボー、とちおとめ25、Tokyo Cheer②Party、東京女子流、東京パフォーマンスドール、つりビット、アップアップガールズ（仮)、Whoop!e whoop!e、WHY@DOLL、山口活性学園、寺嶋由芙、ユフ♬マリ（@JAMナビゲーター)、夢みるアドレセンス、ゆるめるモ！

@JAM EXPO 2015
2015年8月29日　@横浜アリーナ
@JAMナビゲーター：「晏美蘭（あんみらん)」小林晏夕（東京パフォーマンスドール)、MIMORI（富永美杜、callme)、溝呂木世蘭（Cheeky Parade)
@JAM ALLSTARS 2015：天野なつ（LinQ)、岡本真依（ひめキュンフルーツ缶)、藤咲彩音（でんぱ組.inc)、村上来渚（GEM)、渡邊璃生（ベイビーレイズJAPAN)
出演：アフィリア・サーガ、赤マルダッシュ☆、アリスインアリス、アモレカリーナ、Ange☆Reve、ANNA☆S、青山☆聖ハチャメチャハイスクール、AXIS from ちゃま界隈【サイリウム クリエイション】、ベイビーレイズJAPAN、バンドじゃないもん!、BELLRING少女ハート、Bitter & Sweet、C-Style、callme、CAMOUFLAGE、Cheeky Parade、choco☆milQ、Chu-Z、チャオ ベッラ チンクエッティ、Cupitron、Dancing Dolls、でんぱ組.inc、DIANNA☆SWEET、DJダイノジ【DJ】、Dorothy Little Happy、drop、Especia、Faint★Star、フラップガールズスクール、FRUITPOCHETTE、Fullfull☆Pocket、FYT、GEM、ギニュ～特戦隊【サイリウム クリエイション】、はっちゃけ隊 from PASSPO☆、ハコイリ♡ムスメ、ひめキュンフルーツ缶、ひろしまMAPLE★S、北斗夢学院桜組、放課後プリンセス、百花繚蘭、アイドルカレッジ、iDOL Street ストリート生 e-Street'15、iDOL Street ストリート生 w-Street'15、アイドルネッサンス、JK21、じゅじゅ、神宿、吉川友、清竜人25、KOTO、La PomPon、LAGOON、LinQ、ラブアンドロイド、愛乙女★DOLL、Lunar、lyrical school、Magical Ban☆Bang、小桃音まい、Maison book girl、Maria、まなみのりさ、みゆぃ♪ from Mi*N˜Ki♡（みにゅーき)、みきちゅ、みみめめMIMI、ミライスカート、妄想キャリブレーション、ななの

2020年9月13日　vol.52
出演：26時のマスカレイド、あそびダンジョン、九州女子翼、SW!CH、戦国アニマル極楽浄土

2020年10月11日　vol.53
出演：FES☆TIVE、#ババババンビ、Pimm's、My Dear Darlin'、UPローチ（オープニングアクト）

2020年11月8日　vol.54
出演：Jewel☆Neige、くるーず～CRUiSE!、サクサクJUMBLE、tipToe.

2020年12月13日　vol.55
出演：Jewel☆Ciel、We=MUKASHIBANASHI、JAPANARIZM、Ringwanderung

@JAM MEETS

Vol.0　2015年12月13日　@代官山UNIT
出演：岡崎体育、妄想キャリブレーション、DJダイノジ（ナビゲートDJ）

Vol.1　2016年2月28日　@TSUTAYA O-Crest
出演：ONIGAWARA、寺嶋由芙、DJダイノジ（ナビゲートDJ）

Vol.2　2016年2月28日　@TSUTAYA O-Crest
出演：ミソッカス、Party Rockets GT、DJダイノジ（ナビゲートDJ）
ゲスト：二丁ハロ

Vol.3　2016年8月10日　@TSUTAYA O-Crest
出演：最終少女ひかさ、BELLRING少女ハート、DJダイノジ（ナビゲートDJ）

Vol.4　2016年9月14日　@TSUTAYA O-nest
出演：ONIGAWARA、わーすた、DJダイノジ（ナビゲートDJ）

Vol.5　2017年7月13日　@TSUTAYA O-nest
出演：鶴、愛乙女☆DOLL、DJダイノジ(ナビゲートDJ)

@JAM MEETS ～オールナイトスペシャル～
2019年8月9日～10日　@川崎CLUB CITTA'
出演:赤の流星、クマリデパート、ZOC、CHERRSEE、Chu-Z、DEAR KISS、転校少女*、TONEAYU、FES☆TIVE、predia、MIGMA SHELTER、lyrical school、DJダイノジ(ナビゲートDJ)

@JAM MEETS ～オールナイトスペシャル～ vol.2
2020年2月7日～8日　@川崎CLUB CITTA'
出演：アップアップガールズ（仮）、あゆみくりかまき、煌めき☆アンフォレント、椎名ひかり、DEAR KISS、転校少女*、東京パフォーマンスドール、バンドじゃないもん!MAXX NAKAYOSHI、FES☆TIVE、Malcolm Mask McLaren、MIGMA SHELTER、愛乙女☆DOLL、ゑんら、MIC RAW RUGA（laboratory）（オープニングアクト）、DJダイノジ（ナビゲートDJ）

@JAM EXPO

@JAM EXPO 2014
2014年8月31日　@横浜アリーナ
@JAMナビゲーター：「ユフ♬マリ」寺嶋由芙、髙橋麻里

2019年3月10日　vol.36
出演：アップアップガールズ（2）、QUEENS、全力少女R、Lily of the valley、いちごみるく色に染まりたい。（オープニングアクト）
2019年4月14日　vol.37
出演：KRD8、鈴音ひとみ、FES☆TIVE、フルーティー
2019年5月12日　vol.38
出演：エラバレシ、煌めき☆アンフォレント、グーグールル、上月せれな、週末アイドル部3期生（オープニングアクト）
2019年6月9日　vol.39
出演：Devil ANTHEM.、ネコプラ∞、BANZAI JAPAN、ピュアリーモンスター、SKOOL GIRL BYE BYE（オープニングアクト）
2019年7月14日　vol.40
出演：AIBECK、CoverGirls、DESURABBITS、バクステ外神田一丁目、黒は着ない。（オープニングアクト）
2019年8月11日　vol.41
出演：avandoned、アクアノート、DEAR KISS、Payrin's、LEIWAN（オープニングアクト）
2019年9月8日　vol.42
出演：かみやど、なんキニ！、NEMURIORCA、monogatari、ウィクトルワールド アプロの秘宝 すぴりたんと（オープニングアクト）
2019年10月13日　vol.43（台風19号に伴う中止）
出演：Kolokol、ハープスター、FLOWLIGHT、ワンダーウィード、メテオノミコン（オープニングアクト）
2019年11月10日　vol.44
出演：きゅい～ん'ズ、Jewel☆Neige、虹色の飛行少女、PiiiiiiiN、アイドキュレーション（ウェルカムアクト）
2019年12月8日　vol.45
出演：Party Rockets GT、Fragrant Drive、Malcolm Mask McLaren、Lily of the valley、フリカケ≠ぱにっく（オープニングアクト）
2020年1月12日　vol.46
出演：NEO BREAK、ハニースパイスRe.、メリーメリーファンファーレ、ワンダーウィード、せかいシティ（オープニングアクト）
2020年2月9日　vol.47
出演：アップアップガールズ（仮）、キミノマワリ。、notall、143∞、HelloYouth（オープニングアクト）
2020年3月8日→4月28日（延期→コロナ感染拡大防止に伴う公演自粛のため中止）
vol.48
出演：転校少女*、ENGAG.ING、九州女子翼、meme tokyo.、Jumping Kiss
2020年4月12日（コロナ感染拡大防止に伴う公演自粛のため中止）**vol.49**
出演：26時のマスカレイド、FES☆TIVE、Kolokol、われらがプワプワプーワプワ
2020年7月12日　vol.50
出演：Ange☆Reve、きゃわふるTORNADO、Jewel☆Ciel、buGG
2020年8月9日　vol.51
出演：煌めき☆アンフォレント、カラフルスクリーム、夢幻クレッシェンド、われらがプワプワプーワプワ、Jumping Kiss（1部オープニングアクト）、レイドロイド（2部オープニングアクト）

ルカムアクト）

2017年12月10日　vol.21

出演：アイドルカレッジ、IVOLVE、ぐーちょきぱー、Party Rockets GT、Sola Sound（オープニングアクト）

2018年1月14日　vol.22

天晴れ！原宿、TOY SMILEY、Flower Notes、monogatari、SHiNY SHiNY（オープニングアクト）

2018年2月11日　vol.23

出演：さくらシンデレラ、JK21R、転校少女歌撃団、FES☆TIVE、上月せれな（オープニングアクト）

2018年3月11日　vol.24

出演：アイドルカレッジ、アキシブproject、SHiNY SHiNY、じゅじゅ、アップアップガールズ（プロレス）（オープニングアクト）

2018年4月8日　vol.25

出演：CROWN POP、さんみゅ～、東京CuteCute、恥じらいレスキューJPN、PUPUPU81（ウェルカムアクト）

2018年5月13日　vol.26

出演：イケてるハーツ、ゑんら、キャンディzoo、RIOT BABY、鈴音ひとみ（ウェルカムアクト）

2018年6月10日　vol.27

出演：WILL-O'、煌めき☆アンフォレント、DEAR KISS、Malcolm Mask McLaren、NEO JAPONISM（オープニングアクト）

2018年7月8日　vol.28

出演：Devil ANTHEM.、ハコイリ♡ムスメ、MAPLEZ、ヲルタナティヴ、PiiiiiiiN（オープニングアクト）

2018年8月12日　vol.29

出演：終演後物販卍、天空音パレード、なんキニ!、パンダみっく、狂い咲けセンターロード（ウェルカムアクト）

2018年9月9日　vol.30

出演：KAMOがネギをしょってくるッ!!!、26時のマスカレイド、原宿駅前パーティーズNEXT、Chu-Z（1部のみ出演）、桃色革命（2部のみ出演）、ティーンズ☆ヘブン（オープニングアクト）

2018年10月14日　vol.31

出演：絶対直球女子！プレイボールズ、DREAMING MONSTER、PiXMiX、松山あおい、POEM（オープニングアクト）

2018年11月11日　vol.32

出演：アイドルING!!!、アキシブproject、天晴れ！原宿、メイビーME、seeDream（ウェルカムアクト）

2018年12月9日　vol.33

出演：『インキーウップス』、Shine Fine Movement、Task have Fun、Pimm's、くるーず（オープニングアクト）

2019年1月13日　vol.34

出演：Jewel☆Ciel、tipToe.、東京CuteCute、PiiiiiiiN、つぼみ（オープニングアクト）

2019年2月10日　vol.35

出演：Q-pitch、サクヤコノハナ、手羽先センセーション、真っ白なキャンバス、カラフルスクリーム（オープニングアクト）

SHOWROOM最終審査～

出演：アイスクリーム☆キラァ from いきなりアイドルプロジェクト、あかぎ団、apricot cider、カプ式会社ハイパーモチベーション、空想8Bitガール、ことのはbox、The High Roller、Sugary Hug（from キスエク）、少女隊、SUPER flavor、鈴音ひとみ、3dots and more、虹色fanふぁーれ、はちきんガールズ石川彩楓、PiGU、Pimm's、FUTURE♡HEARTs、マーブルズ、Menkoiガールズ

ゲスト：転校少女歌撃団、マボロシ可憐GeNE

2016年9月11日　vol.6

出演：callme、桜エビ～ず、バニラビーンズ、LinQ

2016年10月9日　vol.7

出演：アイドルカレッジ、X21、Chu☆Oh!Dolly、Hauptharmonie、少女隊（ウェルカムアクト）

2016年11月13日　vol.8

出演：転校少女歌撃団、notall、フラップガールズスクール、マボロシ可憐GeNE

2016年12月11日　vol.9

出演：Ange☆Reve、ベボガ！(虹のコンキスタドール黄組)、ミライスカート、むすびズム、スマイル海賊団（ウェルカムアクト）

2017年1月8日　vol.10

出演：Cheeky Parade、ハコイリ♡ムスメ、PiiiiiiiN、MAPLEZ、カプ式会社ハイパーモチベーション（ウェルカムアクト）

2017年2月12日　vol.11

出演：Pimm's、WHY@DOLL、桃色革命、OnePixcel、PiGU（ウェルカムアクト）

2017年3月12日　vol.12

出演：CROWN POP、Chu☆Oh!Dolly、つりビット、P.IDL

2017年4月9日　vol.13

出演：アキシブproject、パンダみっく、フルーティー、愛乙女☆DOLL、シンセカイセン（ウェルカムアクト）

2017年5月14日　vol.14

出演：絶対直球女子！プレイボールズ、転校少女歌撃団、原宿物語、Fullfull☆Pocket、カプ式会社ハイパーモチベーション（ウェルカムアクト）

2017年6月11日　vol.15

出演：amiinA、callme、ヤなことそっとミュート、lyrical school、Task have Fun（ウェルカムアクト）

2017年7月9日　vol.16

出演：全力少女R、PREDIANNA、桃色革命、レッツポコポコ、YOANI1年C組（ウェルカムアクト）

2017年8月13日　vol.17

出演：アップアップガールズ（2）、さくらシンデレラ、Devil ANTHEM.、Maison book girl、on and Go!（オープニングアクト）

2017年9月10日　vol.18

出演：アキシブproject、uijin、フィロソフィーのダンス、マジカル・パンチライン

2017年10月8日　vol.19

出演：Task have Fun、PALET、ベボガ！（虹のコンキスタドール黄組）、La PomPon、赤ちょこ（ウェルカムアクト）

2017年11月12日　vol.20

出演：on and Go!、There There Theres、Chu-Z、ヲルタナティヴ、SOULMATE（ウェ

出演：小桃音まい、東京ロケッツ、PREDIANNA

2015年7月12日　Vol.20　～ドキッ☆アイドルだらけのサマーパーティー！～

出演：アリスインアリス、choco☆milQ、Maison book girl

2015年8月9日　番外編　～@JAM EXPO 2015 横アリでちゃいま SHOWROOM最終審査～

出演：Magical Ban☆Bang、マボロシ可憐GeNE、百花繚蘭、閃光プラネタゲート、Miniature Garden、家庭教師アイドルGoing.TV、全力Girl☆なななな、C-Style、アイドル諜報機関LEVEL7、Tick☆tik、にっぽりにぃる。、flavor、Kin♡Gin♡Pearls、+tic color、北斗夢学院桜組、転校少女歌撃団、上野優華、柚之原りえ、淡路島ハンバーガールZ、PiGU、橘うらら

ゲスト：DIANNA☆SWEETS、ひろしまMAPLE★S

2015年9月13日　Vol.21　～黄昏のアフターサマーパーティー～

出演：神宿、PassCode、Party Rockets、BELLRING少女ハート、LEVEL 7（オープニングアクト）

2015年10月11日　Vol.22　～祝!2周年！NEXT生誕公演！～

出演：転校少女歌撃団、Fullfull☆Pocket、WHY@DOLL、ミライスカート

2015年11月8日　Vol.23　～@JAM NEXT2周年記念！秋の収穫祭スペシャル！～

出演：Ange☆Reve、Devil ANTHEM、Magical Ban☆Bang、まねきケチャ

2015年12月13日　Vol.24　～先取り！クリスマスペシャル!!～

出演：elfin'、虹のコンキスタドール、ハコイリ♡ムスメ、FES☆TIVE

2016年1月10日　Vol.25

出演：青山☆聖ハチャメチャハイスクール、ジュネス☆プリンセス、sora tob sakana、La PomPon、虹色幻想曲～プリズム・ファンタジア～（オープニングアクト）

2016年2月14日　Vol.26

出演：オトメブレイヴ、SiAM&POPTUNe、つりビット、TPD DASH!!、d-girls（オープニングアクト）

2016年3月13日　Vol.27

出演：大阪☆春夏秋冬、転校少女歌撃団、drop、predia

@JAM PARTY　『@JAM NEXT』がリニューアル。AKIBAカルチャーズ劇場で毎月第2日曜日に開催。

2016年4月10日　vol.1

出演：Ange☆Reve、プティパ-petit pas!-、放課後プリンセス、わーすた、クマリデパート（オープニングアクト）

2016年5月8日　vol.2

出演：上野優華、乙女新党、JK21R、ぷちぱすぽ☆、Maison book girl、ふれふれチャイムFes.（オープニングアクト）

2016年6月12日　vol.3

出演：アイドルネッサンス、アキシブproject、ANNA☆S、愛乙女☆DOLL、にっぽりにぃる。（再）（ウェルカムアクト）

2016年7月10日　vol.4

出演：AIS-All Idol Songs-、虹のコンキスタドール、FES☆TIVE、ベボガ！（虹のコンキスタドール黄組）、蜂蜜★皇帝（ウェルカムアクト）

2016年8月14日　vol.5

出演：STARMARIE、Party Rockets GT、Fullfull☆Pocket、マジカル・パンチライン、Menkoiガールズ（ウェルカムアクト）

2016年9月3日　番外編　～@JAM×ナタリーEXPO 2016 幕張でちゃいま

@JAM NEXT　AKIBAカルチャーズ劇場で月１回開催（原則第２日曜日）

2013年10月20日　Vol.0　～@JAM the Field 直前祭～
出演：Party Rockets（スペシャルゲスト）、乙女新党、BELLRING少女ハート
2013年11月10日　Vol.1　～ダンス！ダンス！ダンス！～
出演：Dancing Dolls、つりビット、nanoCUNE
2013年12月8日　Vol.2　～開校！妄想ねこ学園オープンキャンパス～
出演：いずこねこ、フラップガールズスクール、妄想キャリブレーション
2014年1月12日　Vol.3　～新春!@JAMはじまりの合図!!～
出演：ANNA☆S、Happy Dance、WHY@DOLL
2014年2月9日　Vol.4　～あこがれの…Valentine's☆Kiss～
出演：スマイル学園、トーキョーチアチアパーティー、放課後プリンセス
2014年3月9日　Vol.5　～春はすぐそこ！スプリングカーニバル!!～
出演：i☆Ris、TOKYO TORiTSUこれで委員会、東京パフォーマンスドール
2014年4月13日　Vol.6　～出会いの予感!?@JAM新学期ライブ!!～
出演：からっと☆、寺嶋由芙、Party Rockets
2014年5月11日　Vol.7　～春のアイドル異業種懇談会！～
出演：うたたねこ歌劇団、青SHUN学園、リンダ３世
2014年6月8日　Vol.8　～梅雨でも楽しく！アイドルふれあいミーティング！～
出演：アイドルネッサンス、SiAM&POPTUNe、吉田凜音
2014年7月13日　Vol.9　～サマー！サマー！サマー！～
出演：アイリス、GALETTe*、山口活性学園
2014年8月10日　番外編　～出れんの!?@JAM!?最終公開オーディション審査～
出演：最終未来兵器mofu、AIZENN、amorecarina、Whoop!e whoop!e、C-Style、ShaQ'n!、渋谷P.R、Star☆T、せのしすたぁ、sendai☆syrup、天空音パレード、二丁ハロ、ハニースパイス、柊木りお、ひろしまMAPLE★S、Magical Ban☆Bang、メルヘンヌ、リミセス
ゲスト：乙女新党、Party Rockets
2014年9月14日　Vol.10　～秋のアイドル大収穫祭！～
出演：FRUITPOCHETTE、mImi、ゆるめるモ！
2014年10月12日　Vol.11　～祝!@いう間のNEXT１周年！～
出演：drop、Prizmmy☆、Luce Twinkle Wink☆
2014年11月9日　Vol.12　～秋深まる！小春日和にアイドル三昧！～
出演：CAMOUFLAGE、Star☆T、PPP!PiXiON
2014年12月14日　Vol.13　～ちょっと早めのジングルベル！～
出演：アイドルカレッジ、Cupitron、STARMARIE
2015年1月11日　Vol.14　～@JAM新春スタートダッシュ！～
出演：赤マルダッシュ☆、Ange☆Reve、TPD DASH!!
2015年2月8日　Vol.15　～ドキドキ!?恋のバレンタインパーティー～
出演：ハコイリ♡ムスメ、はっちゃけ隊、PiiiiiiiN
2015年3月8日　Vol.16　～まもなく到来！別れ・出会いのどきどきSpring!～
出演：JK21、じゅじゅ、FYT、Pimm's
2015年4月12日　Vol.17　～大人も！子供も！出会いの春だよみんな集合！～
出演：アモレカリーナ、ハニースパイス、predia
2015年5月10日　Vol.18　～３時のおやつはMAPLE★CANDY!～
出演：CANDY GO! GO!、サンミニッツ、ひろしまMAPLE★S
2015年6月14日　Vol.19　～梅雨よ飛んで行け！かたつむりサンバカーニバル☆～

KAWAII POP FES by@JAM vol.3 Hong Kong 2014
2014年6月28日　@MUSIC ZONE
出演：Cheeky Parade、アップアップガールズ（仮）、東京女子流
2014年6月29日
出演：ひめキュンフルーツ缶、Dorothy Little Happy、でんぱ組.inc

KAWAII POP FES by@JAM × J-GIRL POP WAVE vol.4 in 台湾 2015
2015年1月24日　@THE WALL 公館（台北）
(supported by J-GIRL POP WAVE)
出演：みみめめMIMI（オープニングアクト）、GALETTe*、Dorothy Little Happy、東京女子流
2015年1月25日
(supported by @JAM)
出演：東京パフォーマンスドール、私立恵比寿中学、アップアップガールズ（仮）、PASSPO☆

@JAM OVERSEAS

@JAM in 上海 2015
2015年6月28日　@浅水湾文化芸術センター（上海）
出演：しょこたん♥でんぱ組（中川翔子・でんぱ組.inc）、SUPER☆GiRLS、東京女子流

@JAM in 上海 2016
2016年6月4日　@浅水湾文化芸術センター Q.HALL（上海）
出演：every♥ing!、東京女子流、富永TOMMY弘明、9nine、PASSPO☆、Lunar、わーすた

@JAM x TALE in Hong Kong 2017
Music Zone @ E-Max（香港）
2017年2月11日
出演:アリエルプロジェクト（from 香港）、Juice=Juice、SUPER☆GiRLS、東京女子流、妄想キャリブレーション
2017年2月12日
出演：妄想キャリブレーション、SUPER☆GiRLS、Juice=Juice

@JAM in 上海 2017
2017年7月15日　@万代南夢宮上海文化センター 夢想劇場（上海）
出演：ATF（from 上海）、ベイビーレイズJAPAN、Idol School（from 上海）、9nine、大阪☆春夏秋冬、Party Rockets GT、東京女子流、わーすた

@JAM x TALE in Hong Kong 2018
2018年3月10日～11日　Music Zone @ E-Max
出演：あゆみくりかまき、アリエルプロジェクト（from 香港）、吉川友、東京女子流、ときめき♡宣伝部、ベイビーレイズJAPAN

@JAM x TALE in Hong Kong 2019
2019年3月3日　Music Zone @ E-Max
出演：アリエルプロジェクト、ERROR、桜エビ～ず、Task have Fun、虹のコンキスタドール、わーすた

出演：アップアップガールズ（仮）、uijin、神宿、sora tob sakana、つりビット、東京パフォーマンスドール、ときめき♡宣伝部、虹のコンキスタドール、monogatari、夢みるアドレセンス、松山あおい（オープニングアクト）、アリエルプロジェクト（オープニングアクト）

@JAM the Field Vol.14
2018年10月27日　@LIQUIDROOM
出演：sora tob sakana、つりビット、転校少女*、東京女子流、22/7、FES☆TIVE、マジカル・パンチライン、南端まいな、monogatari、LinQ、ロッカジャポニカ、きゃわふるTORNADO（ウェルカムアクト）

@JAM the Field Vol.15
2019年2月23日　@新宿BLAZE
出演：uijin、Task have Fun、つりビット、東京パフォーマンスドール、なんキニ!、26時のマスカレイド、二丁目の魁カミングアウト、フィロソフィーのダンス、ヤなことそっとミュート、ロッカジャポニカ、我儘ラキア、SW!CH（ウェルカムアクト）

@JAM the Field Vol.16
2019年10月26日　@LIQUIDROOM
出演：アキシブproject、アップアップガールズ（2）、Ange☆Reve、CROWN POP、桜エビ～ず、Jewel☆Ciel、転校少女*、マジカル・パンチライン、monogatari、夢みるアドレセンス、松山あおい（ウェルカムアクト）

@JAM the Field Vol.17
2020年2月22日　@新宿BLAZE
出演：天晴れ！原宿、sora tob sakana、Task have Fun、虹のコンキスタドール、26時のマスカレイド、≠ME、はちみつロケット、B.O.L.T、真っ白なキャンバス、ラストアイドル、ローファーズハイ!!（オープニングアクト）

@JAM the Field Vol.18
2020年10月24日　@LIQUIDROOM
出演：アップアップガールズ（2）、CROWN POP、26時のマスカレイド、まねきケチャ、Devil ANTHEM.、虹のコンキスタドール、FES☆TIVE、真っ白なキャンバス、Peel the Apple（オープニングアクト）

Kawaii POP Fes

Kawaii POP Fest. 2013 supported by @JAM
2013年5月17日　@MUSIC ZONE（香港）
出演：Dorothy Little Happy、でんぱ組.inc、9nine
2013年5月18日
出演：アップアップガールズ（仮）、Dorothy Little Happy、でんぱ組.inc
2013年5月19日
出演：アップアップガールズ（仮）、SUPER☆GiRLS

KAWAII POP FES by@JAM in 台湾
2014年1月18日　@河岸留言（RIVERSIDE LIVE HOUSE）（台北）
出演：水瀬いのり（オープニングアクト）、Dancing Dolls、東京女子流、でんぱ組.inc
2014年1月19日
出演：アップアップガールズ（仮）、Dorothy Little Happy、SUPER☆GiRLS

@JAM the Field Vol.5

2014年2月16日　@LIQUIDROOM

出演：アップアップガールズ（仮）、いずこねこ、乙女新党、THE ポッシボー、GEM、つりビット、東京女子流、妄想キャリブレーション、愛乙女★ DOLL、WHY@DOLL（オープニングアクト）、DJ 和（イベント DJ）

@JAM the Field Vol.6

2014年11月24日　@六本木ブルーシアター

出演：さんみゅ～、DIANNA ☆ SWEET、東京女子流、東京パフォーマンスドール、Dorothy Little Happy、Party Rockets、プラニメ、妄想キャリブレーション、夢みるアドレセンス、からっと☆（応援ゲスト）、Maison book girl（サプライズゲスト）

@JAM the Field Vol.7

2015年2月1日　@TSUTAYA O-EAST

出演：アップアップガールズ（仮）、GALETTe*、callme、GEM、PASSPO ☆、ひめキュンフルーツ缶、ベイビーレイズ JAPAN、ゆるめるモ!、愛乙女★ DOLL、lyrical school、アイドルネッサンス（オープニングゲスト）、二丁ハロ（パーティーゲスト）

@JAM the Field Vol.8

2015年11月22日　@LIQUIDROOM

出演：アイドルネッサンス、アップアップガールズ（仮）、神宿、吉川友、Cheeky Parade、DIANNA ☆ SWEET、PassCode、PASSPO ☆、Party Rockets GT、ベイビーレイズ JAPAN、山口活性学園、LADYBABY（ゲスト）、ぴゅあ娘（オープニングアクト）

@JAM the Field Vol.9

2016年2月28日　@TSUTAYA O-EAST

出演：乙女新党、GEM、つりビット、東京パフォーマンスドール、PASSPO ☆、PiiiiiiiN、ひめキュンフルーツ缶、BELLRING 少女ハート、ミライスカート、妄想キャリブレーション、ゆるめるモ!、ベースボールガールズ（オープニングアクト）

@JAM the Field Vol.10

2016年11月26日　@LIQUIDROOM

出演：アップアップガールズ（仮）、大阪☆春夏秋冬、神宿、GEM、ぜんぶ君のせいだ。、sora tob sakana、Cheeky Parade、つりビット、Party Rockets GT、まねきケチャ、わーすた、Menkoi ガールズ（ウェルカムアクト）

@JAM the Field Vol.11

2017年3月11日　@新宿 BLAZE

出演：アイドルネッサンス、あゆみくりかまき、奥澤村、東京パフォーマンスドール、9nine、PassCode、FES ☆ TIVE、マジェスティックセブン、マジカル・パンチライン、ミライスカート、少女隊（ウェルカムアクト）、Menkoi ガールズ（ウェルカムアクト）

@JAM the Field Vol.12

2017年10月21日　@新宿 BLAZE

出演：大阪☆春夏秋冬、桜エビ～ず、GEM、sora tob sakana、Task have Fun、Cheeky Parade、転校少女歌撃団、Party Rockets GT、ヤなことそっとミュート、愛乙女☆ DOLL、CROWN POP（ウェルカムアクト）、on and Go!（ウェルカムアクト）

@JAM the Field Vol.13

2018年2月24日　@新宿 BLAZE

と、MAJIBANCH、松山あおい、未完成リップスパークル、メガメガミ、Melty Hz、littlemore.、われらがプワプワプーワプワ

2019年5月25日　@Zepp DiverCity（TOKYO）
(Day1 ～メインステージ争奪 LIVE ～)
出演：WILL-O'、純情のアフィリア、Chu-Z、DREAMING MONSTER、Pimm's
2019年5月26日　@Zepp DiverCity（TOKYO）
(Day2 ～ SUPER LIVE ～)
出演：あゆみくりかまき、AKB48 Team 8、神宿、SUPER☆GiRLS 、sora tob sakana、Task have Fun、転校少女*、でんぱ組.inc、ナナランド、虹のコンキスタドール、26時のマスカレイド、BEYOOOOONDS、まねきケチャ、黒猫は星と踊る(ウェルカムアクト)
R2K（@JAMナビゲーター）

@JAM 2020（中止）
2020年5月30日 @KT Zepp Yokohama
(Day1 ～ ROAD TO @JAM EXPO LIVE FINAL ～)
2020年5月30日　@KT Zepp Yokohama
(Day1 ～メインステージ争奪 LIVE ～)
2020年5月31日　@KT Zepp Yokohama
(Day2 ～ SUPER LIVE ～) ukka、Task have Fun、でんぱ組.inc、22/7、FES☆TIVE、まねきケチャ、ラストアイドル

@JAM the Field

@JAM the Field アイドルコレクション Vol.1
2012年6月9日　@duo MUSIC EXCHANGE
出演：Jewel Kiss、しず風＆絆～KIZUNA～、ひめキュンフルーツ缶、SO.ON project（オープニングアクト）
2012年6月10日　@duo MUSIC EXCHANGE
出演：アップアップガールズ（仮）、でんぱ組.inc、BiS、9nine（スペシャルゲスト）、SO.ON project（オープニングアクト）

@JAM the Field アイドルコレクション Vol.2
2012年10月13日　@SHIBUYA-AX
出演：アップアップガールズ（仮）、CANDY GO!GO!、でんぱ組.inc、東京女子流、Dorothy Little Happy、ひめキュンフルーツ缶、LinQ、DJ和（オープニング・転換DJ）、ルイズ / ユカフィン from アフィリア・サーガ・イースト（イベントナビゲーター）

@JAM the Field Vol.3
2013年2月9日　@duo MUSIC EXCHANGE
出演：いずこねこ、Jewel Kiss、Dorothy Little Happy、nanoCUNE、Party Rockets、ひめキュンフルーツ缶、クレヨン日記（オープニングアクト）

@JAM the Field Vol.4
2013年10月26日　@SHIBUYA-AX
出演：アップアップガールズ（仮）、アフィリア・サーガ、乙女新党、しず風＆絆～KIZUNA～、SUPER☆GiRLS、Cheeky Parade、でんぱ組.inc、Dorothy Little Happy、Negicco、BELLRING少女ハート、さんみゅ～(オープニングアクト)、DJ和(イベントDJ)

出演：アイドリング!!!、乙女新党、Juice=Juice、SUPER☆GiRLS、でんぱ組.inc、東京パフォーマンスドール、Dorothy Little Happy、Party Rockets、ひめキュンフルーツ缶、妄想キャリブレーション、DJ和×二丁ハロ（DJ×パフォーマンス）
じぇるの！（オープニングアクト）、Hauptharmonie（オープニングアクト）、晏美蘭（あんみらん）（@JAMナビゲーター）

2015年5月31日　@Zepp DiverCity（TOKYO）
（Day2 supported by リスアニ!TV）

出演：AIKATSU☆STARS!、i☆Ris、StylipS、鳴海杏子、H.Y.R（ヒナ・ユリア・ルリ）（CV：M・A・O、五十嵐裕美、遠藤ゆりか）、Machico、みみめめMIMI、DJ和（イベントDJ）

@JAM 2016

2016年5月21日　@Zepp DiverCity（TOKYO）
（Day1 supported by Pigoo）

出演：アイドルネッサンス、大阪☆春夏秋冬、乙女新党、神宿、GEM、SUPER☆GiRLS、Cheeky Parade、PASSPO☆、バンドじゃないもん!、ベイビーレイズJAPAN、妄想キャリブレーション、夢みるアドレセンス、虹のコンキスタドール（オープニングアクト）、虹色fanふぁーれ（ウェルカムアクト）

2016年5月22日　@Zepp DiverCity（TOKYO）
（Day2 supported by リスアニ!TV）

出演：A応P、久保ユリカ、千菅春香、chefoba、Poppin'Party from バンドリ！、水瀬いのり、みみめめMIMI、Ray、和島あみ（オープニングアクト）

@JAM 2017

2017年5月27日　@Zepp DiverCity（TOKYO））

出演：アップアップガールズ（仮）、大阪☆春夏秋冬、神宿、こぶしファクトリー、桜エビ〜ず、サクラノユメ。（@JAMナビゲーター）、SUPER☆GiRLS、つばきファクトリー、PassCode、Party Rockets GT、ベイビーレイズJAPAN、まねきケチャ、わーすた、Menkoiガールズ（ウェルカムアクト）、東京flavor（ウェルカムアクト）

2017年5月28日　@Zepp DiverCity（TOKYO）

出演：AIKATSU☆STARS!、飯田里穂、大橋彩香、芹沢優、TRUE、山崎エリイ
わーすた(オープニングアクト)、DJ MarGenal(イベントDJ)

@JAM 2018

2018年5月26日　@Zepp DiverCity（TOKYO））

出演：=LOVE、3B junior、sora tob sakana、Task have Fun、東京パフォーマンスドール、虹のコンキスタドール、バンドじゃないもん!、ベイビーレイズJAPAN、マジカル・パンチライン、まねきケチャ、夢みるアドレセンス、愛乙女☆DOLL、わーすた
MEY（@JAMナビゲーター）、黒猫は星と踊る(ウェルカムアクト)、純粋カフェ・ラッテ(ウェルカムアクト)

2018年5月27日　@Zepp DiverCity（TOKYO）

出演：亜咲花、ORESAMA、鈴木みのり、立花理香、22/7、Pile、YURiKA、Run Girls, Run!、jumeaux (DJ)

@JAM 2019

2019年5月25日　@Zepp DiverCity（TOKYO）
（Day1 〜 ROAD TO @JAM EXPO LIVE FINAL 〜）

出演：i*chip_memory、あそびダンジョン、週末アイドル部3期生、すぴりたん

資料データ：@JAM イベント 10 年史

@JAM

@JAM 2011

2011 年 11 月 3 日　@ 新木場 STUDIO COAST

出演：栗林みな実、May'n、LiSA、でんぱ組 .inc、私立恵比寿中学、DECO*27、MintJam、戦国 BAND、kz(livetune)、sasakure.UK、D.watt feat. Sugar Honey Babies (from IOSYS)、AZUMA HITOMI、8#Prince、DJ WILD PARTY、夜★スタ、DJ 和、SO-ON project（サポートゲスト）、momo（サポートゲスト）、吉田尚記（司会）、米澤円（司会アシスタント）

@JAM 2013

2013 年 6 月 22 日　@Zepp DiverCity（TOKYO）（メイン）

（アニソン Day supported by リスアニ !TV）

出演：アイドルマスター シンデレラガールズ、藍井エイル、earthmind、ChouCho、三森すずこ、μ's、DJ 和（メイン DJ）

ダイバーシティ東京プラザ 2F フェスティバル広場 (Next Stage LIVE)

出演：ANNA ☆ S、いずこねこ、カスタマイズ、クレヨン日記、Sweety、Jewel Kiss、2&、Tokyo Cheer ② Party、とちおとめ 25、nanoCUNE、フラップガールズスクール、フルーティー、BELLRING 少女ハート、WHY@DOLL、BOYS AND MEN、Mary Angel、わか・ふうり・すなお・りすこ・れみ・もえ・えり・ゆな from STAR ☆ ANIS、にじいろマカロン（司会）

2013 年 6 月 23 日　@Zepp DiverCity（TOKYO）（メイン）

（アイドル Day supported by TopYell）

出演：アップアップガールズ（仮）、Dancing Dolls、Cheeky Parade、でんぱ組 .inc、Dorothy Little Happy、Party Rockets、BiS、ひめキュンフルーツ缶、ベイビーレイズ、DJ 和（メイン DJ）

ダイバーシティ東京プラザ 2F フェスティバル広場 (Next Stage LIVE)

出演：i ☆ Ris、asfi、乙女新党、CAMOUFLAGE、DJ 和、T!P、妄想キャリブレーション、にじいろマカロン（司会）

@JAM 2014

2014 年 5 月 31 日　@ Zepp DiverCity（TOKYO）

（アイドル Day supported by Pigoo）

出演：アップアップガールズ（仮）、GEM、でんぱ組 .inc、東京パフォーマンスドール、Dorothy Little Happy、nanoCUNE、PASSPO ☆、ひめキュンフルーツ缶、ベイビーレイズ、BELLRING 少女ハート、LinQ、乙女新党（ゲストアクト）、DJ 和（イベント DJ）

ANNA ☆ S（オープニングアクト）、ユフ♬マリ（@JAM ナビゲーター）

2014 年 6 月 1 日

（アニソン Day supported by リスアニ !TV）@ Zepp DiverCity（TOKYO）

出演：Wake Up, Girls!、内田彩、内田真礼、遠藤ゆりか、天誅ガールズ、長妻樹里、三澤紗千香、DJ 濱（イベント DJ）、カスタマイ Z（オープニングアクト）

@JAM 2015

2015 年 5 月 30 日　@Zepp DiverCity（TOKYO）

（Day1 supported by Pigoo）

▲
アットジャムHP

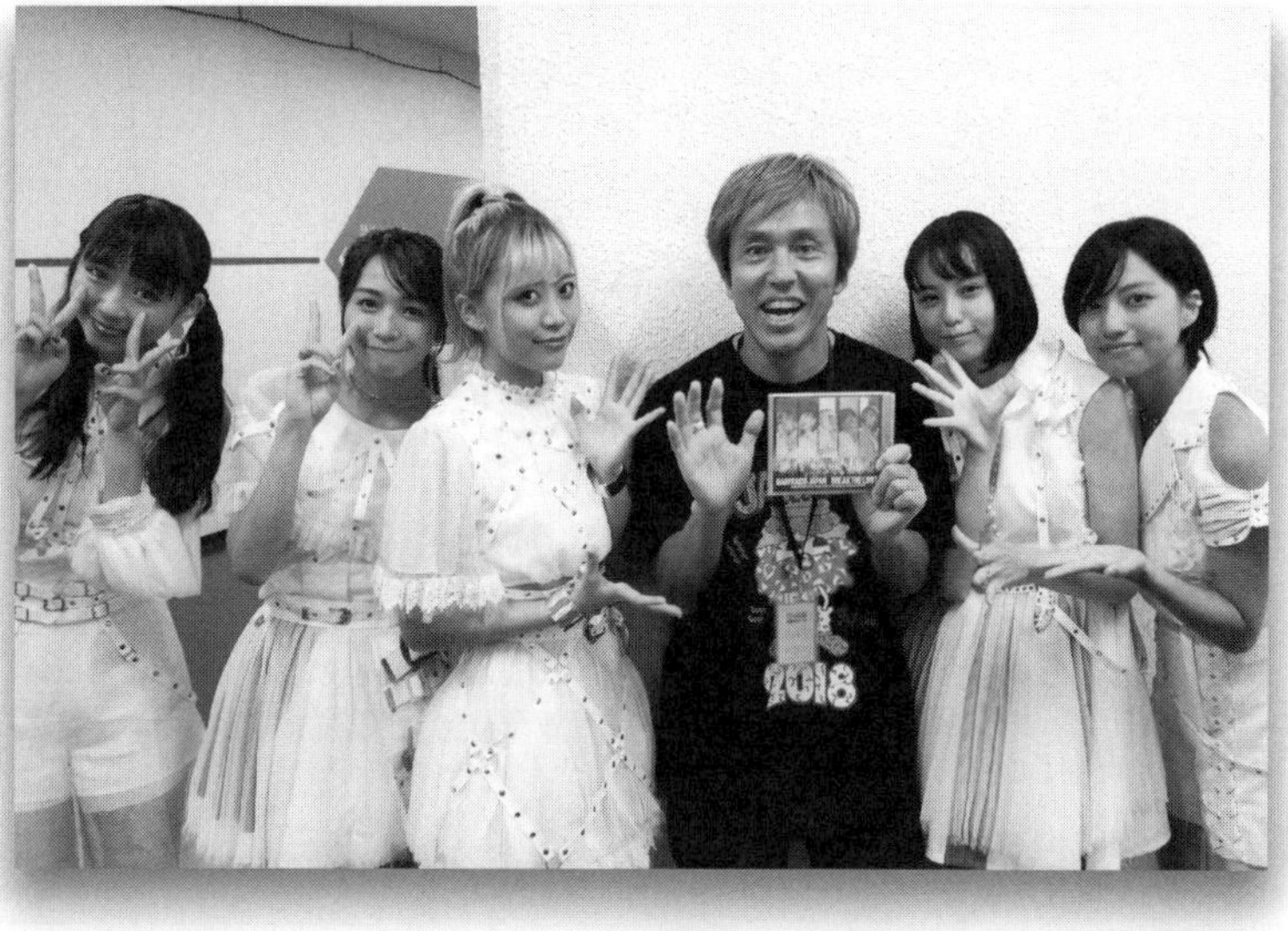

@JAM EXPO2018 バックヤードにてベイビーレイズJAPANとの記念撮影

アットジャム
日本一のアイドルイベントを
ゼロから育てた10年間

2021年3月26日初版第一刷発行

著　者　橋元恵一

発行人　松本卓也
編集人　赤坂竜也
企画編集　斎藤和昭（idolcompass）
発行所　株式会社ユサブル
〒103-0014　東京都中央区日本橋蛎殻町2-13-5
電話：03(3527)3669
http://yusabul.com/
印刷所　株式会社シナノパブリッシングプレス

ISBN978-4-909249-36-4